Ute Lauterbach

INSTANT LUMEN

Philosophisch durchstarten zum freien Kopf

INSTANT-LUMEN-Verlag

INSTANT LUMEN

steht für den
Gipfel menschlichen Erkennens.
Wie er schon immer erlebt
und formuliert wurde,
auch heute von dir und mir.
10.000 Zitate
machen seine Universalität
erstmalig offensichtlich.
Ende der Suche
durch Ankunft im Bewusstsein,
im
INSTANT LUMEN

Umschlag u. Layout: Anke Sauer
Fotos: Hélène Van den Kerchove
Druck: Buchdruckerei24 SATZART OHG
Printed in Germany

ISBN: 978-3-934486-42-3

Im Internet unter:
www.instantlumen.de
www.ute-lauterbach.de

An diesem Projekt ist einzigartig,

- dass es erstmalig aufzeigt, was wir alle schon „wissen", ohne es in seiner ganzen Tragweite durchdrungen zu haben.

- dass es den Gipfel menschlichen Erkennens und Sehnens aufdeckt und dabei alle großen Denker, Literaten, Philosophen und Weisen zu Wort kommen lässt.

- dass es die menschliche Sinnsuche auf einen gemeinsamen Nenner bringt. Und dass dieser Nenner sich im Erleben eines jeden Menschen wiederfindet.

- dass es die Ankunft im Sinn erlebbar macht und zwar ganz greifbar und ohne ideologische Beimischung.

- dass dieses Projekt ein Urerleben des Menschen in seiner tiefen Bedeutung freilegt und so den Zielpunkt unserer Sehnsucht eindeutig sichtbar macht.

- dass der universale Erkenntnisgipfel in diesem Projekt nicht nur theoretisch gesichert wird, sondern vor allem auch sinnlich über Musik und Bilder unter die Haut geht.

- dass dieser Erkenntnisgipfel interdisziplinar logisch aufgeht.

- dass die vielen Einzelstimmen aller Epochen und Kulturen, die das Gipfelerleben von Sinn und Sein formuliert haben, erstmalig in einer großen Synthese zusammengeführt und in ihrer gemeinsamen Quintessenz sichtbar gemacht werden.

- dass der Gipfel und Inbegriff menschlichen Erkennens einen Fokus liefert, auf den sich tatsächlich alle weltweit formulierten Facetten eines sinnvollen und glücklichen Lebens beziehen. Ute Lauterbach geht auf 11 dieser Facetten ein.

- dass dieser eigentlich so offensichtliche Erkenntnisgipfel – das **INSTANT LUMEN** – hier endlich auf den Punkt gebracht wird.

Dieses **INSTANT-LUMEN**-Projekt ist einzigartig, weil es den Herzschlag unendlich vieler Denker und Denkerinnen in einem großen Herzen vereint.

Inhalt

UTE LAUTERBACH
– wer ist sie und was sie will

Philosophin Ute Lauterbach ist überzeugt, es gibt die Glücksdefinition, die – sobald man sie versteht und anwendet – jedem von uns die maximale Gelassenheit schenkt und den Sinn des Lebens erkennbar macht.

Schon als Kind beschloss sie, bei der Suche nach dem Sinn nicht locker zu lassen mit dem Ziel eine universale Glücksdefinition empirisch nachzuweisen.

So hat sie unzählige Texte aus allen Epochen durchforstet, sich bei den besten Denkern der Welt nach einem universalen, religionsübergreifenden **Sinn des Lebens** umgeschaut. Welche Gemeinsamkeiten gab es bei den Weisen, wenn es darum geht, Glück und Zufriedenheit zu erlangen?

Denker, Philosophen, Schriftsteller und Wissenschaftler aus vielen Jahrhunderten und Kulturen haben tatsächlich eine gemeinsame Erkenntnis: Dass der höchste Erfolg des Glücksstrebens immer in dieselbe Richtung weist: in die Einkehr ins Bewusst-SEIN.

Bewusst *sein* kann man nur mit einem gänzlich freien Kopf. Ein freier Kopf – und das ist Utes Grundüberzeugung, die sie nun erstmalig evident gemacht hat – schafft Glückseligkeit.

Nicht nur die großen Denker, sondern wir alle wissen um die Glückseligkeit der Stille im Kopf jenseits des Gedankenkarussells und jenseits des biographischen „Mülls", den wir mit uns herumschleppen. Beseelt sind wir beispielsweise, wenn wir verliebt sind. Da ist plötzlich – instantly – das Gefühl, die Welt umarmen zu wollen. Jeder, der das hier präsentierte Coaching macht, wird dieses Gefühl auf eine andere Art wiederbeleben, philosophisch durch-starten und den Sinn des Lebens mit neuer Klarheit erfahren können. Er wird die Glücksdefinition von Ute nicht nur verstanden haben, sondern auch leicht nach ihr leben können. Die Beseeltheit speist sich dann nicht mehr aus der Verliebtheit in einen anderen Menschen, sondern wurzelt in der Glücksquelle selbst.

Dieses Coaching zieht seine Überzeugungskraft daraus, dass es *nicht erdacht*, sondern *universal erfahrbar* ist. Mit **INSTANT LUMEN** macht Ute Lauterbach die Einkehr ins Bewusst-Sein für jeden erlebbar.

Von ihr gesammelte Zitate aus der Weltliteratur spiegeln die Essenz unseres Strebens und Sehnens: Sie antworten auf die großen Sinnfragen des Lebens. Spannend und spielerisch kombiniert Ute theoretische Erkenntnisse mit interaktiven Praxis-Einheiten, in denen sie uns coacht, in diesen Weisheiten Erklärungen für das *eigene* Leben zu finden und die Bahn frei zu machen in Richtung *unserer* Glückseligkeit.

Übersicht

Auftakt

INSTANT LUMEN – das Ziel der philosophischen Reise zum freien Kopf
Zwei Weisen des Denkens

Auf der Bewusstseinsskala zum INSTANT LUMEN

Worum's geht
Einführung ins Thema und der sprunglose Sprung

Durchstarten zur höchsten, philosophischen Lust
Der Gipfel menschlichen Erkennens aller Zeiten und Kulturen
Was ist die höchste Lust des Lebens?

Einsteigen ins Durchstarten – dein Coaching-Kompass
Auf dem Weg zum **INSTANT LUMEN** stoßen wir auf 11 verschiedene Begleitphänomene eines freien Kopfes. Du erlebst sie, wenn du den Gipfel menschlichen Erkennens erfährst.

Diese Begleitphänomene sind wie Lichtungen im Alltagsgestrüpp. Sie heißen:

1. **Sehnsucht**
2. **Symbolisches versus intimes Erkennen**
3. **Reines Erkennen**
4. **Tun als Weglassen**
5. **Es ist schon da**
6. **Einssein**
7. **Wie kommen wir zum Ziel?**
8. **Kunst als Vollzug der Einkehr ins Äußerste**
9. **Ich weg**
10. **Grenzerfahrung**
11. **Tod als Leben?**

Vor dem Coaching, also deiner eigenen Reise zum freien Kopf, betrete ich mit dir diese Lichtungen und mache dich mit den Begleitphänomen vertraut

- **durch Fragen als Richtungs- und Ideengeber**
- **durch Blitzeinführungen**
- **durch das Herzstück dieses Projekts, nämlich Zitate aus der Weltliteratur, die belegen, dass der hier vorgestellte Gipfel menschlichen Erkennens wirklich immer und überall als solcher verstanden wurde, dass er somit universal ist.**

Das Coaching

Jetzt starten wir. Mit Selbsterforschungsimpulsen, Übungen und anderen Feinheiten, damit wir gut navigieren können. Es lohnt sich, die Fragen schriftlich zu beantworten. Der graue Balken zeigt dir, wo deine Antworten gefragt sind. Vielleicht legst du eine persönliche Begleitkladde an? Oder du bevorzugst Sprachmemos?

Worum's ging

Ausführung aus dem Thema

Das philosophische Durchstarten auf einen Blick

Literaturliste

Die Mitwirkenden

Die Autorin

INSTANT-LUMEN-Videos anschauen, teilen und mitteilen

www.instantlumen.de

Auftakt

Philosophisch durchstarten! Das ist ein großartiges Unternehmen, denn es bedeutet, sich mit ganzem Herzen dem Schönsten, Besten und Höchsten zu verschreiben. Und was versteht die Philosophie darunter? Ich antworte mit den Worten der großen Philosophin Hannah Arendt. Sie schreibt, dass „das Ende und Ziel alles Philosophierens ... in einem Zustand der Sprachlosigkeit, einer Anschauung, die sich in Worten nicht mitteilen lässt ..." bestehen soll. Diese Sprachlosigkeit wenn uns das Schönste umfängt, wenn wir in seltenen, seligen Augenblicken den Kopf ganz frei haben! Wenn wir im Sein, in der höchsten Lust unter- oder aufgehen.

Anders gesagt: Uns durchflutet ein unmittelbares Verstehen, eine unendliche Offenheit, wir sind hineingenommen in den Gipfel menschlichen Erkennens. In solchen seltenen, seligen Momenten ist alles klar und leuchtet aus sich heraus in tausend Evidenzen. Diese Gipfelerfahrung „einer nicht in Worte zu fassenden Anschauung" nenne ich **INSTANT LUMEN**. Dieses augenblickliche Licht, das unmittelbar, in unserem Geist aufblitzt, verändert das Leben wie kein anderes Glück auf der Welt.

Unser Job ist einzig und allein, ihm eine geeignete Landefläche bei uns zu bereiten. Darum geht es in diesem Coaching und in diesem **INSTANT-LUMEN**-Projekt. Das ist gar nicht so wahnsinnig schwierig, denn geführt durch die Erkenntnisgipfel philosophischer Weisheit aller Zeiten und Kulturen werden wir sehen, dass es mehr wegzulassen als zu tun gibt.

Vorher möchte ich das Ziel – das **INSTANT LUMEN** – unserer philosophischen Reise genauer aufblättern. Denn mir liegt sehr daran zu zeigen, dass es sich hier nicht um eine willkürlich aufgestellte Idee handelt, sondern um eine jedem zugängliche Gipfelerfahrung menschlichen Erkennens und Erlebens. Sie ist universal und wurde zu allen Zeiten formuliert.

Wer sich nicht mit dem folgenden mehr philosophischen und systematischen Überblick vertraut machen möchte, kann das nächste Kapitel überspringen.

Sofern nicht eigens in einer Fußnote aufgeführt, findest du alle erforderlichen Quellenangaben weiter hinten im Literaturverzeichnis.

INSTANT LUMEN – das Ziel der philosophischen Reise zum freien Kopf

Zwei Weisen des Denkens

Den **Erkenntnisgipfel menschlichen Denkens** vorzuführen – das ist ein außerordentlicher Anspruch. Welche Taxierung erlaubt denn eine solche Dreistigkeit? Nur die allgemeine, menschliche Erfahrung. Deine und meine. Um den Weg zu diesem großen Ansinnen zu ebnen, denken wir jetzt über das Denken nach.
Wenn es einen Erkenntnisgipfel menschlichen Denkens gibt, und er diesen Namen verdient, dann müssten wir ihn erstens alle als solchen erkennen. Und er wäre zweitens vor unserer Zeit auch schon erkannt worden. Beides möchte ich aufzeigen.

Beginnen wir mit einer Definition: Ein Gipfel ist etwas, das nicht mehr überstiegen werden kann. Ein Erkenntnisgipfel wäre demnach nicht durch ein anderes Erkennen zu überhöhen. Hier scheint die Sackgasse vorprogrammiert, denn es gibt doch Fortschritt – auch im Denken. Schauen wir genauer hin.

Forschen und Denken sind bestrebt, unser Überleben auf diesem Planeten zu sichern und zu optimieren. Darüber hinaus und tiefer geht es um die Ergründung der philosophischen Zentralfrage: Was soll der Quatsch? Zur eventuellen Beantwortung müssen wir wissen: Was kann unser Denken leisten? Wie und wo tobt es sich aus?

- Erstens tobt es in den Einzelwissenschaften, einerlei ob sie als Natur- oder Kulturwissenschaften auf den Plan treten. Jede **Einzelwissenschaft** beleuchtet einen Teilbereich unseres vorwissenschaftlichen, naiven In-der-Welt-Seins. Durch die Konzentration auf einen Teilbereich betreibt jede Einzelwissenschaft thematische Reduktion und weil sie für ihr Vorgehen eine bestimmte Methode braucht, ergibt sich auch auf der methodischen Ebene eine Reduktion.
- Zweitens tobt es in den **Formalwissenschaften** wie Mathematik und Logik.
- Drittens tobt es sich in der Philosophie, einer **Universalwissenschaft**, aus. Diese Zuordnung ergibt sich aus dem speziellen Anliegen der Philosophie: Als kritische Vernunftwissenschaft will sie die Bedingungen der Möglichkeit der Erfahrungswirklichkeit als ganzer untersuchen. Das klingt kompliziert. Schlichter bringen es folgende Grundfragen der Philosophie auf den Punkt: Warum ist überhaupt etwas und nicht vielmehr nichts? Was können wir wissen? Was dürfen wir hoffen?

Was das Denken auf den jeweiligen Spielplätzen leisten kann, wissen wir ungefähr: Speisen in Dosen, Navigationssysteme, Kathedralen, Atomuhren, Sinfonien, vom Strohsack zur Latexmatratze, den kategorischen Imperativ, die Integralrechnung usw. Trotz der unterschiedlichsten Themenbereiche ist dem Denken in allen Feldern eins gemeinsam, nämlich einen Gegenstand zu haben. Der Denkende ist vom Objekt seines Denkens – sogar wenn er selbst dieses Objekt ist – entfernt.
Solange das Erkennen etwas erkennen will, sich also in ein Gegenüber bringt, ist es dualistisch (Subjekt ⇔ Objekt) und daher unvollständig. **Ken Wilber** fasst zusammen:

„Wie ... ein Messer sich nicht selbst schneiden kann, ist auch das Universum nicht in der Lage, sich selbst als Objekt ganz zu sehen. Deshalb ist jeder Versuch, das Universum als ein Objekt zu erkennen, zutiefst und unabänderlich ein innerer Widerspruch, und je mehr dieser Versuch zu gelingen scheint, desto hoffnungsloser scheitert er in Wirklichkeit, denn umso mehr führt das Universum sich selbst in die Irre." [1]

Und: *„Einer der Hauptgründe für die Zählebigkeit des dualistischen Ansatzes ... besteht darin, dass der Irrtum der Dualität die Wurzel des intellektuellen Erkennens bildet und daher mit den Mitteln des Intellekts nicht zu überwinden ist."* [2]

Vielleicht ahnst du schon, in welche Richtung wir steuern? Das dualistische Denken ist unser Hauptaufenthaltsort und führt zu folgenden Verkürzungen:

1. Verkürzung: Jedes nach außen gerichtete Erkennen, also jedes Erkennen, das einen Gegenstand hat, betrachtet einen Ausschnitt. Die gesamte Wirklichkeit wird reduziert.

2. Verkürzung: Wir entwerfen Theorien, haben Ergebnisse, kommunizieren, das heißt wir entwickeln Landkarten vom Erkannten ⇨ entfernen uns von der Sache selbst. Wir halten die Landkarten mitunter für realer als die Landschaft selbst, obwohl niemand im Straßenatlas Urlaub machen würde.

3. Verkürzung: Noch unhaltbarer wird die dualistische Vorgehensweise im subatomaren Bereich:

Sullivan erklärt: *„Wir können den Gang der Natur nicht beobachten, ohne ihn zu verändern."* [3]

Oder **Andrade**: *„Beobachtung bedeutet einen Eingriff in das Beobachtete ... Beobachtung verändert Wirklichkeit."* [4]

---

[1] Ken Wilber, *Spektrum des Bewusstseins*, S. 30

[2] Ib., S. 31f.

[3] Sullivan, *Die interpersonale Theorie der Psychiatrie*, S. 140

[4] Andrade, *An Approach to Modern Physics*, S. 255

Oder allgemeiner sagt es ein anderer Physiker: *„Wir sind der Substanz nachgejagt bis hin zum Elektron, und hier haben wir die Spur verloren."* [5]

Hier werden die Grenzen des diskursiven, dualistischen Denkens und Erkennens beschrieben. Das Denken stößt an eine merkwürdige Grenze, wenn sich sein sonst so stabiler Gegenstand einfach verflüchtigt. Das ist das Abenteuer der Quantenphysik. Kein Wunder, dass **Niels Bohr** sagte:

„Wer über die Quantentheorie nicht entsetzt ist, der hat sie nicht verstanden."

Sprachlich und theoretisch lässt sich diese Grenze abfangen, indem in der Mathematik von einem „Unvollständigkeitstheorem" (Kurt Gödel) in Analogie zu Heisenbergs „Unschärfeprinzips" in der Physik gesprochen wird.

Neben dieser überraschenden Gegenstand-futsch-Grenze gibt es noch eine Grenze, die im Denken selbst begründet ist. Denn jedes Denken setzt seine eigenen Denkprinzipien, Regeln der Logik oder Ähnliches voraus und damit hat es eine stillschweigende Prämisse, die nicht beweisbar oder verifizierbar ist. Das fällt aber kaum auf, solange wir in makroskopischen Selbstverständlichkeiten und kollektiv betonierten Vorverständniskategorien denken.

Durch diese stillschweigenden Prämissen bleibt der blinde Fleck unseres dualistischen Denkens schön blind.

Haben wir überhaupt eine Chance, diesem blinden Fleck zu entrinnen? Also die Grenzen unseres Denkens zu transzendieren, um dem **INSTANT LUMEN** eine Landefläche zu bieten? Es kann nur mit einem anderen Instrumentarium möglich sein. Mit dem dualistischen, vorverständnisbedingten Denken geht es nicht, weil ihm sein blinder Fleck hartnäckig wie ein Schatten folgt. Der Weg des Erkennens gabelt sich hier. Zum einen das soeben beschriebene dualistische, analytische Denken und zum andern ein nicht vorverständnisbedingtes „Denken" mit gänzlich freiem Kopf. Es muss ein Denken sein, das nicht auf einer Subjekt-Objekt-Spaltung basiert. Wir könnten es ganzheitliches Erfassen nennen. Es handelt sich um eine völlig andere Kategorie des Erkennens. Oder nennen wir es mit Eddington „intimes Erkennen" und unterscheiden wir es vom „symbolischen Erkennen". Eine Unterscheidung, die in unterschiedlicher Formulierung immer wieder gemacht wurde. Ich trage in einer Tabelle zusammen, damit sichtbar wird, wohin der Hase läuft. Der Erkenntnisgipfel kann nicht im diskursiven, dualistischen, **symbolischen** Denken aufscheinen, sondern ist nur dem non-dualen, **intimen** Erkennen zugänglich.

---

[5] Commins und Lindscott, *Man and the Universe*, S. 450

Wer	symbolisches Erkennen	intimes Erkennen = INSTANT LUMEN
Eddington	„Die üblichen Formen der Verstandestätigkeit dienen allein dem symbolischen Erkennen. Das intime Erkennen bietet keinen Ansatzpunkt für Kodifizierung und Analyse. Vielmehr: Wenn wir es zu analysieren versuchen, geht die Intimität verloren und an ihre Stelle tritt wieder Symbolik." [6]	
	– **Landkarte, Symbole** – dualistisches, schlussfolgerndes Erkennen – **Landkartenerkenntnis**	– **Land, Wirklichkeit** – nichtduales, direktes Erkennen – **Eintritt ins Land**
Heidegger	– vorstellendes Denken	– nicht vorstellendes Denken
Fernando Pessoa	– **denken** *„So aber nicht denkend, besitze ich Himmel und Erde."*	– **sehen, nicht denken**
Schrödinger	*„Die Welt ist nur einmal gegeben. Urbild und Spiegelbild sind eins."*	
Taoismus	– **konventionelles Wissen** in Begriffen linear denkend und sich mitteilend	– **natürliches Wissen** unmittelbares, direktes, spontanes Begreifen des Lebens
Hinduismus	– **fortschreitende begriffliche Erkenntnis**	– **urplötzliches, intuitives Gewahren der Nicht-Dualität**
Meister Eckehart	– **Abenderkenntnis** *„Da sieht man die Kreaturen in Bildern mannigfaltiger Unterschiedenheit."*	– **Morgenerkenntnis** *„Auf diese Weise schaut man die Kreaturen ohne alle Unterschiede und aller Bilder entbildet und aller Gleichheit entkleidet in dem Einen ..."* [7]
Buddhismus Suzuki [8]	– **Vijñā-Erkenntnis** Hier haben wir den Grunddualismus von Sehendem und Gesehenem.	– **Prajñā-Erkennen** Sehender und Gesehenes sind identisch.
Abraham Maslow	– **intellektuelles Wissen** – abstrakt, weil abständiges und unvollständiges Operieren im Landkartenterrain (Denken in Begriffen, Symbolen, anderen Repräsentationscodes wie Noten oder Formeln) – Subjekt vom Objekt getrennt, deshalb ist das Denken eine Landkartenbrücke zum Objekt	– **Verschmelzungs-Wissen** – nicht abstraktes, weil unmittelbares Erfassen des Geländes – Subjekt und Objekt nicht getrennt: unmittelbares Empfinden der Wirklichkeit
Georg Kühlewind	– **totes Denken** – niederes, gegenüberstehendes, in Empfindungen zerfallendes Erkennen = Eiswürfel – Alltagsseele als „Trennscheibe" verdreckt die →	– **lebendiges Denken** – höheres, reines, unmittelbares Erkennen = fließendes Wassers – aufblitzendes Selbstbewusstsein Logos-Kraft, die das Bewusstsein sich selbst erblicken lässt

[6] Commins und Lindscott, *Man and the Universe*, S. 453

[7] Meister Eckehart, *Predigten*

[8] Shunryu Suzuki, *Zen-Geist, Anfänger-Geist*

Nur das intime Erkennen schenkt den Erkenntnisgipfel, das **INSTANT LUMEN.** Also ein anderer Modus des „Denkens" setzt ein. Es ist eine Art geistiger Vollzug, der uns befällt, wenn wir in das Bewusstsein selbst eingekehrt sind. Und was ist so toll an diesem Denken? Wieso liefert es den GIPFEL des Erkennens? Die Antwort ergibt sich aus der Erfahrung. Alle Menschen aller Zeiten bestätigen, dass sie in einem anderen Seinszustand sind, sowie sie den Kopf vollkommen frei haben. Wenn du dich auf solche exquisiten Momente besinnst, dann weißt du, dass es sich um GIPFEL-Erfahrungen handelt.

Entscheidend ist, dass wir nur im Modus des intimen Erkennens die Wesensmerkmale des Seins erleben. Im symbolischen Erkennen bewegen wir uns im Terrain des Seienden.

Du kannst das anhand der folgenden Gegenüberstellung prüfen. Was erlebst du, wenn dein Kopf vollkommen frei ist? So findest du in deinem persönlichen Erleben den hier vorgestellten **INSTANT-LUMEN**-Zustand bestätigt.

Wesensmerkmale des Seienden	**Wesensmerkmale des Seins**	✓
Vergänglichkeit	Zeitlosigkeit, Gegenwart	
Unfreiheit, Verstrickung, Sachzwang	Freiheit, Unverstricktheit, Wahl	
Verdrängung, Flucht, Sucht	Bei-sich-Sein, Außer-sich-Sein	
Egozentrik	volles Erleben	
Getrenntsein	Verbundensein	
Bastelsinn	eigentlicher Sinn	
abspulen	innehalten	
wahrnehmen	gewahr- und innewerden	
symbolisches Erkennen, nicht wesenhaftes Denken	intimes Erkennen, wesenhaftes Denken	
festhalten, Verbissenheit, rödeln, funktionieren	loslassen, Spiel, gestalten	
das Relative	das Absolute	
Ego, Ich	erhabenes Selbst = entgrenztes Ich	
Glück als Behagen (Glücks-Pechswippe)	Glückseligkeit als dauerhaftes Gefühl von Sinn	
Kausalität, Chronos	Synchronizität, Kairos	

Wer tiefer eindringen möchte, kann sich die Befindlichkeitsvarianten und die verschiedenen Denkqualitäten auch anhand meiner Bewusstseinsskala vergegenwärtigen.

Auf der Bewusstseinsskala zum INSTANT LUMEN

Es ist ziemlich leicht, am Ziel vorbei zu schießen. Deshalb ist es gut, ein Navigationssystem zu haben. Wo stehst du momentan zwischen unbedingter Glückseligkeit und völliger Verzweiflung? Markiere bitte grob deine Position auf einer Skala von 0 – 100. Du kannst auf dieser Skala, ich nenne sie Bewusstseinsskala, auch eintragen, wie frei oder nicht frei dein Kopf ist. Wenn du innerlich am Anschlag bist, keinen Krümel Reflektion mehr übrig hast, befindest du dich am Nullpunkt. Ich nenne ihn „Nullinger", weil null Abstand zur eigenen Verstrickung und Not besteht. Am andern Ende der Skala sieht es völlig anders aus. Da ist der Kopf total frei. Und du erlebst innere Fülle. Daher der Punkt Fullinger.

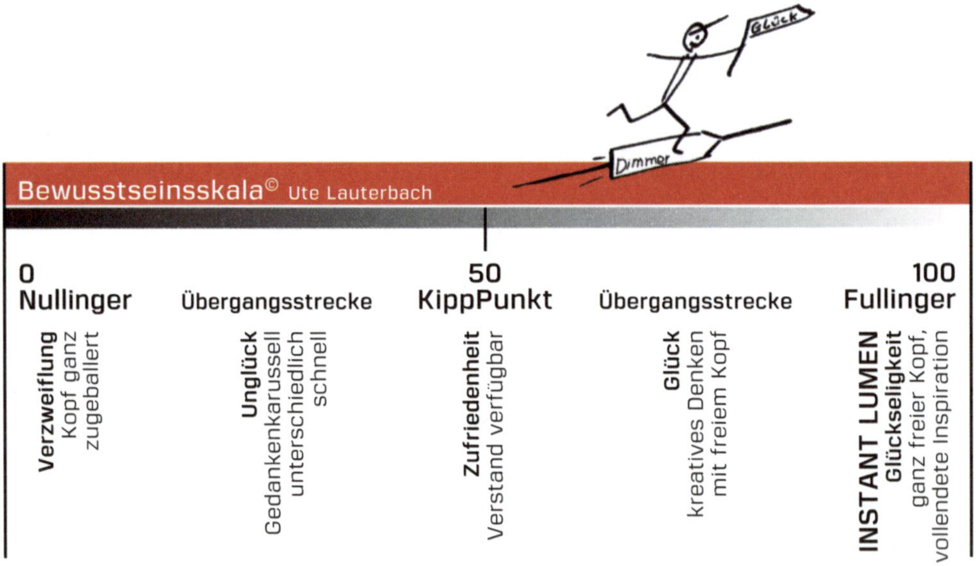

Die Skala als universales Messinstrument zwischen Nullinger und Fullinger! Ja, und dann gibt es noch einen markanten Punkt – nämlich den KippPunkt in der Mitte. Und den erleben wir immer ganz deutlich, wenn wir die Gelassenheit verlieren, wenn wir ins Gedankenkarussell einsteigen, also wenn da so ein Trottel ist, der nicht begreift, dass dein sogenanntes „Chaos" in Wirklichkeit Ausdruck deiner Kreativität ist, dann könntest du die Gelassenheit verlieren und dich vom KippPunkt Richtung Nullinger auf der Skala bewegen, dann bist du verstrickt, dann reagierst du, anstatt zu agieren. Und deshalb bist du auch mehr oder weniger unglücklich. Anders auf der zweiten Übergangsstrecke vom KippPunkt zum Fullinger. Da bist du Meister deiner Handlungen. Du bist frei im Agieren und hast auch den Kopf relativ frei und bist deshalb mehr oder weniger glücklich.

Ja, und was passiert am Fullinger-Punkt ganz genau? Das ist nicht nur ein Endpunkt das ist auch ein Punkt, an dem sich etwas völlig anderes ereignet.

Vielleicht ereignet sich da die sogenannte Erleuchtung. Ich nenne es die „Einkehr ins Bewusstsein“ oder „**INSTANT LUMEN**“. Und darum geht es hier.

Worum's geht

Einführung ins Thema und der sprunglose Sprung

Glück ist ein freier Kopf. Auf dem Weg zum Glück haben wir viele Möglichkeiten, uns zu verlaufen. Haben wir nachhaltig Erfolg bei der Suche nach Glück, dann landen wir nicht in irgendeiner wackeligen „Glücks"-Sackgasse, sondern im freien Kopf. Die erfolgreiche Ankunft im Sehnsuchtsziel lässt sich auf einen Nenner, EINEN Erkenntnisfokus bringen: Wie wir und alle Menschen aller Zeiten erleben, zeigen sich Sinn und Glückseligkeit in der offenen Weite jenseits des Gedankenkarussells, im puren Bewusstsein, im Aufblitzen des Seins, im **INSTANT LUMEN**. Es geht also um einen „Erkenntnisgipfel" der anderen Art.

Die von mir gesichteten Zitate beschreiben ihn und sind Sterne am Himmel einer Philosophia perennis, einer immerwährenden Philosophie. Möge durch sie hindurchleuchten, dass die Essenz unseres Strebens, Sehnens und unserer „spirituellen Ankunft" universal ist! Möge sich unsere Sehnsucht beflügeln lassen oder gar den sprunglosen Sprung vollziehen!

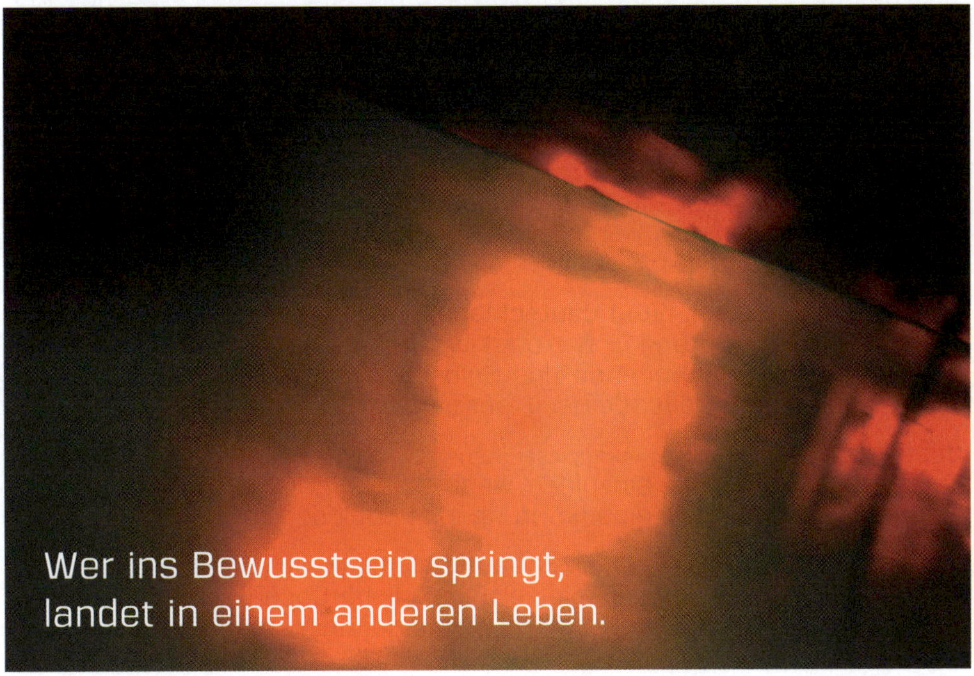

Die Erkenntnissätze aus der Weltliteratur.

Als Film siehst du sie hier: www.instantlumen.de

Fredriksson, Marianne (* 1927; † 2007) Schweden, sprungloser Sprung 1
„Siehst du das Leben nicht als Herausforderung für die Gedanken?"
„Nicht in erster Linie ... ich sehe es vielleicht eher als eine Frage nach dem Sinn, der hinter den Gedanken liegt." ...
„Nur wie sähe der Weg dorthin aus...?"
„Ich glaube nicht, dass es einen Weg gibt ... Hier handelt es sich um einen Sprung ins Unbekannte und um den Mut, sich in schwindelnde Tiefen fallen zu lassen."

Heidegger, Martin (* 1889; † 1976) Deutschland, sprungloser Sprung 2
Wie aber kommt es zu einer solchen Einkehr? Dadurch, dass wir uns von der Haltung des vorstellenden Denkens absetzen. Dieses Sichabsetzen ist ein Satz im Sinne eines Sprunges.

Suzuki, Daisetz Teitaro (* 1870; † 1966) Japan, sprungloser Sprung 3
Wollen wir ... etwas erschauen, was des Wissens wert ist, was uns zur geistigen Glückseligkeit führt, so müssen wir uns ein für allemal von allen Bedingnissen freimachen. Wir müssen versuchen, einen neuen Gesichtspunkt zu gewinnen, von dem aus die Welt in ihrer Ganzheit und das Leben von innen her erfasst werden kann. Diese Überlegung zwingt uns, uns tief in den Abgrund des „Namenlosen" hineinzustürzen ...

Cohen, Alan (* 1934) Großbritannien, sprungloser Sprung 4
Als Ausdruck des einen unendlichen Seins sollten wir uns weigern, uns mit irgend etwas Geringerem zu identifizieren. Keine Entschuldigungen, Aufschübe, Rechtfertigungen, mildernden Umstände, Bitten um Fristverlängerungen oder Hunde, die die Hausaufgaben aufgefressen haben. Sein ist unsere Aufgabe.

Karl Jaspers (* 1883; † 1969) Deutschland, sprungloser Sprung 5
Erst durch einen Sprung ... betreten wir den Boden, auf dem nach der Subjektseite das Umgreifende das Selbstsein der Existenz ist, nach der Objektseite das Umgreifende der Transzendenz.

Wilber, Ken (* 1949) USA, sprungloser Sprung 6
... in der Entwicklung des einzelnen, wenn sie weit genug gediehen ist, kann es irgendwo plötzlich zu einem Sprung ins Formlose kommen ...

Heidegger, Martin (* 1889; † 1976) Deutschland, sprungloser Sprung 7
Eine seltsame Sache oder gar eine unheimliche Sache, dass wir erst auf den Boden springen müssen, auf dem wir eigentlich stehen.

Iacocca, Lee (* 1924) USA, sprungloser Sprung 8
An irgendeinem Punkt muss man den Sprung ins Ungewisse wagen. Erstens, weil selbst die richtige Entscheidung falsch ist, wenn sie zu spät erfolgt. Zweitens, weil es in den meisten Fällen so etwas wie Gewissheit gar nicht gibt.

Osho (* 1931; † 1990) Indien, sprungloser Sprung 9
Doch wenn wir den Sprung von der Oberfläche ins Zentrum machen, verschwindet jegliche Identität.

Durchstarten zur höchsten, philosophischen Lust

Der Gipfel menschlichen Erkennens aller Zeiten und Kulturen
Was ist die höchste Lust des Lebens?

Schokolade, Kunst, Sex, geistiger Höhenflug, Abenteuer, Sport? Nein, denn nicht eine, sondern *die* höchste Lust ist gefragt. Große Geister antworten so:
Das Bewusstsein ist die höchste Lust des Lebens. (Dehmel)

Wieso? Weil es sich selbst genügt. Weil es uns einfach jenseits aller Empfindlichkeiten und Vorstellungen ins unendliche Sein eintauchen lässt. Erlebbar als Sendepause im Kopf. Nur noch Bewusstsein. **INSTANT LUMEN**. Sich an nichts stoßen. Sich in der Weite verlieren. Login ins Sein:
Der Geist findet Frieden in sich selbst in einem Zustand der Bewusstheit jenseits des Denkens. (Chopra)

Eine Lust der anderen Art. Das ist kein normaler Dauerzustand. Deshalb kann Pessoa schreiben:
Ich erlange das Bewusstsein, Bewusstsein zu haben.

Merkwürdig! Erlangen zu müssen, was schon da ist! Was uns nicht bewusst ist, bleibt im Dunkeln. Das Bewusstsein selbst übergehen wir hartnäckig, obwohl es Bühne und Voraussetzung aller inneren und äußeren Erscheinungen ist. Wie gewaltig ist es, Pessoas Aussage wirklich zu *erfahren*, indem wir die Bühne als solche erleben, anstatt an den Schauspielern zu kleben. Platon gibt einen Hinweis, wie das gelingen könnte:
Alles Lernen ist nur das Wegräumen von Ballast, bis so etwas übrig bleibt wie eine leuchtende innere Stille.

Diese Lust der leuchtenden, inneren Stille ist uns nicht gänzlich unbekannt:
Jeder kennt Momente in seinem Leben, in denen das Denken völlig in der Stille untergeht und wir trotzdem noch da sind. (Jean Klein)

Wie real und glaubwürdig ist das alles? Gedanken und Gefühle ziehen durch unser Erleben. Ihr Schauplatz ist unser Bewusstsein. Von diesem sagt Descartes: **Die einzige unmittelbar glaubwürdige Realität ist die Realität des Bewusstseins.**

Und wenn wir obendrein den Erkenntnissen der Quantenphysik vertrauen, dann ist die unmittelbar glaubwürdige Realität des Bewusstseins auch aus wissenschaftlicher Sicht von höherem Rang als alle äußeren Erscheinungen. In diesem Sinne: Geist über Materie.
Werden das Bewusstsein oder der Geist – im Gegensatz zum Verstand und zur Vernunft – direkt erlebt, so erfahren wir Ajahn Chahs Worte:
Weisheit ist, direkt in den Geist zu schauen.

Hier bleibt die Frage, *wer* direkt in den Geist schaut? Eine geniale Antwort gibt uns Assisi:
Das Denken ist selbst eine Bewegung desjenigen, das es zu erkennen strebt.

Es geht um den größten Umzug: von der Außendrehung zur Innendrehung, vom Festkleben zum Loslassen, vom Weltkram zum Sein. Die Drehung vom Gefangensein zur Freiheit ist gefragt:
Sich nicht im nichtigen Nichts auflösen, sondern im Ganzen des Offenen einlösen. (Heidegger)

Schlichter gesagt: Nicht am Unwichtigen hängen, sondern sich ins Unendliche loslassen.
Nichts ist dem Geist erreichbarer als das Unendliche. (Novalis)

Der Fokus auf den Gipfel menschlichen Erkennens

kann den Sinn des Lebens freilegen – das ist das anspruchsvolle Ziel und Anliegen dieses Projekts. Jedem erlebbare und nachvollziehbare Erkenntnis- und Weisheitsgipfel aus der Weltliteratur dienen als Brücke zu diesem Ziel. Überdies lassen sie einen momentan bereits aufleuchtenden Zielpunkt der Evolution erkennen: nämlich rein ins Bewusstsein – raus aus dem umherirrenden Mentalsalat.

Gewinn: sich nicht mehr im Bastelglück verlaufen, sondern im Sehnsuchtsziel finden. Obendrein – wie wir alle wissen: Mit freiem Kopf lässt sich besser denken!

Der Erkenntnisgipfel auf den Punkt gebracht:

D Das Abstreifen der Gedanken, ermöglicht die Einkehr ins reine Bewusstsein, in den freien Kopf, wo wir Glückseligkeit und eigentlichen Sinn erleben. Dieser Kopf-frei-Fokus spiegelt die Entfaltungsrichtung der menschlichen Entwicklung, der Evolution.

GB The peak of awareness happens in a state of pure consciousness, i.e. beyond thoughts. This blissful state is also the hallmark of our evolutionary development. And it is the playground of real happiness: Everybody prefers a state of not being harassed by thoughts.

FR La force de direction de l'évolution nous laisse aller vers le sommet de la conscience pure. C'est à dire ce sommet est inhérant à l'évolution. Sans focus pas d'évolution.

Hermann Hesse hält den Schritt ins Unendliche, in die Ganzheit nicht für etwas Mysteriöses. **Unter Glück verstehe ich heute etwas ganz Objektives, nämlich die Ganzheit selbst, das zeitlose Sein, die ewige Musik der Welt ...**

Warum wagen wir nicht den Sprung ins zeitlose Sein, in den freien Kopf, ins reine Bewusstsein, in die erfüllte Leere, ins **INSTANT LUMEN**?
Viele haben Angst, ihren Geist leer zu machen. Sie fürchten, in die Leere zu fallen, und wissen nicht, dass ihr eigener Geist die Leere ist. (Huang-po)

Wenn wir in das Bewusstsein selbst – eben die leere Bühne, die noch kein Schauspieler, also kein Gedanke, keine Sorge betreten hat – wenn wir da hineinspringen, sind wir eins mit dem Ganzen. Poetisch klingt das aus der Feder von Byung-Chul Han so:
Die Leere leert den Blickenden ins Erblickte.

Dieselbe Erkenntnis nochmal anders:
Das Ganze kommt nur, wenn du dich im Leeren niederlässt. (Osho)

Die Leere, die unbespielte Bühne – der gänzlich freie Kopf – da ertönt auch nach Tolstoi die Musik des Lebens:
Das Wesen des Lebens ist nicht im Körper, sondern im Bewusstsein.

Die Herausforderung besteht einzig und allein darin, dass das Bewusstsein eigens zu „betreten" ist, anstatt nur theoretisch über es zu spekulieren.
Wer die Wirklichkeit „kennen" will, darf nicht außerhalb ihrer stehen und sie nur definieren; du musst in sie hineingehen, sie sein und sie fühlen. (Alan Watts)

Klar! Sie zu betreten, heißt sich selbst loszulassen. Das stets gepflegte und oft angestarrte eigene Ich ist eine Art Trennscheibe, welche die Sicht auf die ich-freie Weite behindert.
Die große Anstrengung der Mystiker war immer darauf gerichtet zu erreichen, dass es in ihrer Seele keinen Teil mehr gebe, der „ich" sagte. (Simone Weil)

Sowie die Fixierung auf das Trennscheiben-Ich wegfällt, ist der Blick frei und sieht anders.
Wem das Auge des Geistes aufgegangen ist, der sieht andern unsichtbare, mit ihm verbundene Dinge. (Christa Wolf)

Ich fasse zusammen:

1. mit Blick auf den Alltag: Es geht nicht um den Streit, ob Mousse au Chocolat einen höheren Lustwert hat als die Einkehr ins reine Bewusstsein, sondern darum, dass jedes Mousse au Chocolat erst dann völlig bei uns ankommt, wenn wir es mit wachem Bewusstsein genießen, anstatt es geistesabwesend in uns hineinzulöffeln.

2. fasse ich zusammen mit Blick auf die Lebenserfüllung: Das Gespenst der Vergänglichkeit geht durch unsere Reihen. Deshalb hat jede noch so köstliche, „normale" Lust ein Leck. Allein aus diesem Grund lohnt es sich, die Einkehr ins Bewusstsein über alle anderen Lüste zu stellen, denn das Bewusstsein ist außerhalb des Vergänglichkeits-Spuks.

3. fasse ich zusammen mit Blick auf die höchste Lust selbst: Die Lust-Bilanz, die sich bereits aus den wenigen hier aufgeführten Zitaten ergibt, ist eindeutig: Frieden, leuchtende, innere Stille, Weisheit, Glück, mit anderen Augen sehen, Befreiung vom Ich-Wahn! Tausende von Zitaten aus allen Zeiten, Disziplinen und Kulturen belegen, dass die höchste Lust, Wonne, Freude, Sinn-Empfindung in der Versenkung in den Geist, in der Einkehr ins Bewusstsein liegen. Die vielen Zitate dieses Projekts formulieren den Gipfel menschlichen Erkennens: das **INSTANT LUMEN**.

Einsteigen ins Durchstarten – dein Coaching-Kompass

Auf dem Weg zum **INSTANT LUMEN** stoßen wir auf 11 verschiedene Begleitphänomene eines freien Kopfes. Du erlebst sie, wenn du den Gipfel menschlichen Erkennens erfährst.

Diese Begleitphänomene sind wie *Lichtungen* im Alltagsgestrüpp. Sie heißen:

1. Sehnsucht
2. Symbolisches versus intimes Erkennen
3. Reines Erkennen
4. Tun als Weglassen
5. Es ist schon da
6. Einssein
7. Wie kommen wir zum Ziel?
8. Kunst als Vollzug der Einkehr ins Äußerste
9. Ich weg
10. Grenzerfahrung
11. Tod als Leben?

Vor dem Coaching, also deiner eigenen Reise zum freien Kopf, betrete ich mit dir diese *Lichtungen* und mache dich mit den Begleitphänomen vertraut

- durch Fragen als Richtungs- und Ideengeber
- durch Blitzeinführungen in das jeweilige Begleitphänomen
- durch das Herzstück dieses Projekts, nämlich Zitate aus der Weltliteratur, die belegen, dass der hier vorgestellte Gipfel menschlichen Erkennens wirklich immer und überall als solcher verstanden wurde, dass er somit universal ist.

Zur Einstimmung könntest du dir als erstes die filmische Darstellung der Erkenntnisätze anschauen oder du liest die Sätze hier.
(Zu den Filmen: **www.instantlumen.de**)

Es ist nützlich, aber nicht notwendig, dass du dich an die oben aufgeführte Reihenfolge hältst, denn die Themen bauen ein bisschen aufeinander auf. Und jetzt kannst du loslegen.

Und wenn du fertig bist, geht es weiter. Wie immer im Leben.

Ich wünsche dir, dass du ganz intim mit dem **INSTANT LUMEN** vertraut wirst. Denn es schenkt dir einen glücklichen, lichten Aus- und Einblick in dich und das Leben und es befreit dich vollständig von allem schmerzlichen Psychokram und jedwedem Gedankenkarussell.

KOMM REIN!

Auf den Flügeln der Sehnsucht fliegst du besser als im Pflichtdruck.

Wir betreten die 1. Lichtung:

Sehnsucht

Einige Fragen als Richtungs- und Ideengeber:

- Welche Arten von Sehnsucht können wir unterscheiden?
- Wie finden wir uns bei so vielen Formen von Sehnsucht noch zurecht?
- Was kennzeichnet die höchste Sehnsucht?
- *„Nur wer die Sehnsucht kennt, weiß, was ich leide!"* – welcher Sehnsuchts-Kategorie ist dieses Zitat von Johann Wolfgang von Goethe zuzuordnen?
- Was passiert, wenn die Sehnsucht erfüllt wird?

Blitzeinstieg in diese Lichtung

Die Leuchtstreifen zum Notausgang besagen: Da geht es schon irgendwo raus. Du musst nur diesen Leuchtstreifen folgen. Und was sind die Leuchtstreifen in unserer Seele? Das ist die Sehnsucht. Denn die **Sehnsucht** sagt ganz klar: „Weg mit dem Engen, her mit dem Weiten, dem Schönen, dem Besten, dem Höchsten! Schluss mit dem Status quo! Über uns hinaus!" Über uns, über uns hinaus! Uns treibt immer wieder das Empfinden: „Das kann's doch nicht gewesen sein!" Du sehnst dich zum Beispiel nach dem innigen Verschmelzen mit Schatzi. Was genau läuft ins Ziel, wenn diese Sehnsucht erfüllt wird? Fakt ist, dass uns die Erfüllung vieler Wünsche nicht zum Ende der Sehnsucht trägt. Erst wenn alle Wünsche im gänzlich freien Kopf, also im Feuer der Einkehr ins Bewusstsein verbrannt sind, verjubelt uns eine Freude, die jede Sehnsucht beantwortet.

Ja, klar, die Sehnsucht kann auch falsch abbiegen. Dann bleibt sie in der Sucht stecken. Auch die Sucht verspricht Befreiung vom Status quo, aber sie hält ihr Versprechen nicht nachhaltig, denn sie beschert uns eine immer herbere Nicht-Erfüllung des eigentlich Ersehnten: nämlich das Sich-Vergessen, Sich-Hingeben, Sich-Übersteigen. Im sehnsüchtigen Schmachten verpassen wir den Innenkurs. Und wo landen wir, wenn wir uns der großen Sehnsucht überlassen?

Davon handeln die folgenden Sätze.

Das Herzstück

Die Erkenntnis-Zitate aus der Weltliteratur

Pessoa, Fernando (* 1888; † 1935) Portugal, Sehnsucht 1
Ich bin eine unbestimmte Sehnsucht, nicht nach der Vergangenheit, nicht nach der Zukunft: Ich bin eine Sehnsucht nach der Gegenwart, namenlos, unaufhörlich, unverstanden.

Lasker-Schüler, Else (* 1869; † 1945) Deutschland, Sehnsucht 2
So komme doch,
Du süßer Gott,
Du Gespiele Gott,
Deines Tores Gold schmilzt an meiner Sehnsucht.

Nietzsche, Friedrich (* 1844; † 1900) Deutschland, Sehnsucht 3
Ich liebe die großen Verachtenden, weil sie die großen Verehrenden sind und Pfeile der Sehnsucht nach dem anderen Ufer.

Khan, Vilayat Inayat (* 1916; † 2004) Großbritannien, Sehnsucht 4
Jedes Atom, jeder Planet sehnt sich nach Erweckung. Nicht nur du – das ganze Universum sehnt sich danach zu erwachen!

Novalis (* 1772; † 1802) Deutschland, Sehnsucht 5
Es gibt eine ewige Jugend, eine Sehnsucht, die ewig währt, weil sie ewig nicht erfüllt wird, ... damit sie nicht sterbe, denn sie sehnt sich im innersten Herzen nach sich selbst.

Rilke, Rainer Maria (* 1875; † 1926) Österreich-Ungarn, Sehnsucht 6
Wer will sagen, was ist? Wer will die Dinge mit ihrem Werte kränken? Ich kann mir nur eine Sehnsucht denken, welche wundernd die Welt durchmisst.

Friedrich von Schiller (* 1759; † 1805) Deutschland, Sehnsucht 7
Das magische Lebensgefühl als beständiger Zustand, das wäre ein Lebensziel! Sich unentwegt vom Leben verzaubert zu fühlen: Welch ein Seiltanz. Welch ein faszinierendes Spiel um Glück und Schönheit. Ein wahrer Zeitvertreib mit der Aussicht auf Ewigkeit ...

Catarina da Siena (* 1347; † 1380) Italien, Sehnsucht 8
Auf dem Weg zum Himmel ist Himmel.

Weber, Andreas (* 1967) Deutschland, Sehnsucht 9
Im schlichten Sein zeigt sich mehr als irgendwo: Eine Kraft durchwaltet die Welt, die zur Existenz drängt, und damit zur Individuation und zur Selbsterfahrung.

Schneider, Romy (* 1938; † 1982) Österreich, Sehnsucht 10
Sehnsucht wonach?
Die Frage drängte sich ihr nicht auf. Dass die Sehnsucht da war, das zählte.

Corbineau-Hoffmann, Angelika (* 1958) Deutschland, Sehnsucht 11
Aus der Sehnsucht geht für Schlegel „fast alles geistig Schöne und Große hervor", und selbst die Philosophie könne man „die Lehre von der Sehnsucht, oder die Wissenschaft der Sehnsucht nennen."

Novalis (* 1772; † 1802) Deutschland, Sehnsucht 12
Das Höchste ist das Verständlichste, das Nächste, das Unentbehrlichste. Nur durch Unbekanntschaft mit uns selbst, Entwöhnung von uns selbst entsteht für uns eine Unbegreiflichkeit, die selbst unbegreiflich ist.

Thibaut, Stéphane (* 1950) Frankreich, Sehnsucht 13
Was ist innere Revolution? Es ist die absolute Sehnsucht nach innen gekehrt, nicht nach außen.

Weber, Andreas (* 1967) Deutschland, Sehnsucht 14
Das Entscheidende liegt im Unerreichbaren, in der Sehnsucht.

Saint-Exupéry, Antoine de (* 1900; † 1944) Frankreich, Sehnsucht 15
Wenn du ein Schiff bauen willst, dann trommle nicht Männer zusammen, um Holz zu beschaffen, Aufgaben zu vergeben und die Arbeit zu verteilen, sondern lehre sie die Sehnsucht nach dem weiten, endlosen Meer.

Wordsworth, William (* 1770; † 1850) Großbritannien, Sehnsucht 16
... groß die Freude,
die ich mit jeder Art von Kreatur fühlte,
wie sie auf das Ungeschaffene schaute
mit einer Haltung der Bewunderung, mit einem Blick der Liebe.

Marcel Proust (* 1871; † 1922) Frankreich, Sehnsucht 17
Warte nicht auf das Leben. Sehne dich nicht danach. Sei dir bewusst, das Wunder ist immer und jeden Augenblick im Hier und Jetzt.

von Armin, Bettina (* 1785; † 1859) Deutschland, Sehnsucht 18
Wer sich nach Licht sehnt, ist nicht lichtlos, denn die Sehnsucht ist schon Licht.

Hier erlebst du die audio-visuelle Darstellung der Erkenntnissätze:
www.instantlumen.de

Das Coaching: die Reise der Sehnsucht

Und jetzt geht es los mit Selbsterforschungsimpulsen, Übungen und anderen Feinheiten, damit wir gut navigieren.
Wenn du schreibend oder sprechend verbindlicher mit dir bist, lohnt es sich, deine Antworten aufzuschreiben oder mithilfe von Sprachmemos zu verwurzeln. Der graue Balken zeigt dir, wo deine Antworten gefragt sind.

ALS ERSTES: Selbsterkundung = die Spreu vom Weizen trennen

Die Sehnsucht hat viele Gesichter. Deshalb kannst du jetzt die Spreu vom Weizen trennen, indem du **einerseits** überlegst oder aufschreibst, welche Sehnsüchte dich in Sackgassen geführt haben ...

und **andererseits** welche Sehnsüchte dich über dich hinausgehoben haben, sogar dann, wenn sie nicht erfüllt wurden.

FRAGE 1: Welcher Art ist deine Spreu?
Zum Beispiel die schmachtende Sehnsucht, das nicht erfüllte oder unzureichend erfüllte Begehren, SehnSüchte, bestimmte nach außen gerichtete Sehnsüchte/Wünsche.

FRAGE 2: Was steckt hinter deiner Sehnsuchtslenkung?
Zum Beispiel: Verlassenheitsängste, mangelnde Selbstbeelterung, das Gefühl zu kurz gekommen zu sein, fehlende Geborgenheit, Liebesentzug, Sinnleere, Überdruss ...?

HAUPTFRAGE bitte spontan beantworten:
Welche Sehnsucht soll sich für dich erfüllen?

ALS ZWEITES: in die Spur kommen

Vergegenwärtige dir genau, wie es sich anfühlt, wenn du in abhängiger Sehnsucht schmachtest und wie, wenn du dich nach deinen besten, schönsten Möglichkeiten sehnst. Wie fühlt sich die wesentliche Sehnsucht an?

FRAGEN: Welche Sehnsucht willst du pflegen?
Welche mit befreitem Besserwissen mitlaufen lassen oder an die zweite, gar letzte Stelle setzen?

ÜBUNG 1: Schreibe einige Sehnsüchte auf, denen du in den nächsten drei Tagen konkret nachgehen kannst. Zum Beispiel der Sehnsucht nach Frieden in deinem persönlichen Umfeld. Wem etwa könntest du welche Angebote, Worte, Gesten zukommen lassen, um mehr Frieden in dir zu finden?

ÜBUNG 2: Experimentiere und lasse dich in die Sehnsucht selbst fallen, aber nicht in das Ersehnte. Spüre den Unterschied.

DAS MOTTO: Lieber der Sehnsucht folgen als den Alltag abarbeiten!

EINGEDENK der Sätze: Selbsterhaltung ist nur durch Selbststeigerung möglich. Nur wer die wahre Sehnsucht kennt, weiß, dass ich nicht leide.

FEEDBACK an dich und von dir selbst: Wie leicht fällt es dir, die nährende von der zehrenden Sehnsucht zu unterscheiden? Wann erlebst du welche?

SPEZIELLE FRAGE: Bist du dir peinlich, wenn dich das schmachtende wie das verzückte Sehnen ergreift?

ALS DRITTES: Absprung

DAS GANZ GROSSE Sehnen ereignet sich, wenn wir an der Schwelle der Einkehr ins Bewusstsein stehen. Kannst du dich dem Sog dieses Gipfels hingeben? Oder welchem Höchsten kannst du dich sehnsuchtsvoll anvertrauen?
Wie heißt dein Renner, dein Irrweg? Notiere beide!

KOAN: Wo bist du, wenn du dich in der Sehnsucht verloren hast?

SINNFRAGE: Wo landete die Welt, wenn wir auf die Sehnsucht über uns hinaus verzichteten?

Sharing

Bei diesem Erkenntnis-Abenteuer geht es um nichts weniger als die Verwirklichung des menschlich und „übermenschlich" Besten und Höchsten. Bei der Einkehr ins Bewusstsein selbst lassen wir unsere eintrainierte Persönlichkeit hinter uns und streifen unsere Standardeinstellungen ab. Deshalb ist dieser Zustand aller individuellen Merkmale entkleidet. Das bedeutet außerdem, dass alle Menschen in dieser Erfahrung gleich oder je nach Tiefe/Höhe ähnlich erleben. Darüber sich auszutauschen ist ein Verbundenheitsfest. Das kannst du hier auf „www.instantlumen.de/sharing" feiern, indem du beschreibst, wie es sich für dich *anfühlt*, **im Sehnen zu verschweben**. Beschreibe nur dein Erleben. Lass alle Deutungen und Geschichten weg.

KOMM REIN!

Gedanken *haben* oder das Erkennen *sein* – das ist DER Weichensteller zum Sinn. Im Eingangskapitel hast du den Kerngedanken dieser Lichtung schon kennengelernt.

Wir betreten die 2. Lichtung:

Symbolisches versus intimes Erkennen

Einige Fragen als Richtungs- und Ideengeber:

- Was genau ist der Unterschied zwischen dem intimen und symbolischen Erkennen?
- Inwiefern erläutert die Bewusstseinsskala die Unterscheidung zwischen intimem und symbolischem Erkennen?
- Was ist der Unterschied zwischen Dösen und intimem Erkennen?
- Sind **INSTANT LUMEN**, Fullinger und das intime Erkennen dasselbe?

Blitzeinstieg in diese Lichtung

Es geht um den Gipfel menschlichen Erkennens. Das ist doch ein Ding. Ein Gipfel ist etwas, das nicht überstiegen werden kann. Müssen wir einen gigantischen Klimmzug machen? Wie können wir diesen Gipfel behaupten? Denken entwickelt sich doch. Wir werden immer intelligenter. Oder? Ist das Scheitern dieses Unternehmens im Raum? Keineswegs! Denn wir unterscheiden zwischen dem symbolischen und dem intimen Erkennen, zwischen dem vorstellenden und dem nicht vorstellenden Erkennen, zwischen der Speisekarte und der Mahlzeit. Was willst du denn lieber essen? Die Speisekarte oder die Mahlzeit? Na also! Die Einkehr ins Bewusstsein entspricht also einer anderen Art des „Denkens". Und da ist der Gipfel. Nicht andere Gedanken, sondern das Denken selbst erlischt gleichsam im nichts vorstellenden, unmittelbaren, intimen Erkennen. Es hat aber nicht das Nicht-Denken als Gegenstand, denn es hat gar keinen Gegenstand, sondern es taucht unter allen Gedanken durch zu sich selbst und zwar auf eine so elegante Art, dass dieses Selbst im Ganzen, im Bewusstsein verschwindet – bzw. noch präziser: erkennt, dass es in unvermittelter Nähe zu sich selbst als reines Bewusstsein, als bewusstes Sein existiert. Wir kennen diesen Zustand alle: die erfüllte, beseligende Sendepause im Kopf.

Auf der Bewusstseinsskala siehst du die verschiedenen Denk- und Erlebnisqualitäten.

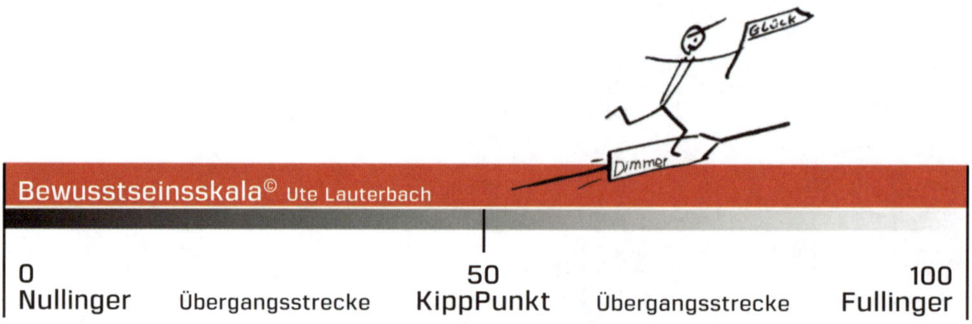

Die beseligende Sendepause im Kopf erleben wir beim Fullinger-Punkt. **INSTANT LUMEN**!

Und auf die anderen Qualitäten des Erkennens geschaut: Am Nullinger „sehen" wir, was gar nicht ist, also Projektion total. Guck dir irgendeinen Eifersüchtigen an und du weißt, wovon ich spreche. Und ab der Mitte ist unser Denken real und agiert als symbolisches, analytisches, sogenannt „normales" Erkennen. Das brauchen wir überall. In der Forschung, zum Reifen wechseln usw. Und am Fullinger-Punkt vollzieht sich der Sprung in eine andere Dimension des Erkennens. Das intime Erkennen tritt als Einkehr ins Bewusstsein, als Versenkung in den Geist, als **INSTANT LUMEN** auf den Plan.

Und diesen zentralen Unterschied – zwischen dem symbolischen und dem intimen Erkennen – haben viele Menschen zu allen Zeiten, aus verschiedenen Kulturen kommend und verschiedene Disziplinen pflegend immer wieder formuliert. Und das macht die Universalität des hier vorgestellten Projekts aus.

Das Herzstück

Die Erkenntnis-Zitate aus der Weltliteratur

Stannus Gray, Terence James (* 1895; † 1986) Großbritannien, symbolisch/intim 1
Was also könnte, ja muss unbegreiflich sein? Nur das begreifende Selbst ist unbegreiflich, denn es kann, während es begreift, nicht sich selbst begreifen.

Wilber, Ken (* 1949) USA, symbolisch/intim 2
... wir können den GEIST einzig und allein dadurch erkennen, dass wir selbst GEIST *sind*.

Caird, John (* 1820; † 1898) Großbritannien, symbolisch/intim 3
... was ich nicht wegdenken kann, ist ... das Selbst-Bewusstsein selbst in seiner Unabhängigkeit und Absolutheit ...

Kühlewind, Georg (* 1924; † 2006) Ungarn, symbolisch/intim 4
Dieses Durchleuchtetsein des Erkenntnisaktes selbst, das Nicht-Vergessen des Erkennens hinter dem Erkannten, das Nicht-Verborgenbleiben der Erkenntnisquelle, ist zugleich die Erfahrung des lebendigen Denkens und des wahren Ich, das allein zu dieser Erfahrung fähig ist.

Meister Jôshû Jûshin (* 788; † 897) Japan, symbolisch/intim 5
Jemand fragte: „Was ist Erleuchtung?"
Jôshû erwiderte: „Das ist, wenn der erste Gedanke noch nicht aufgetaucht ist."

Fichte, Johann Gottlieb (* 1762; † 1814) Deutschland, symbolisch/intim 6
Führt euch eine Wand vor Augen. Nun führt euch vor Augen, wer oder was die Wand vor Augen hat. Nun wer dessen wiederum gewahr ist ...

Parsons, Tony (* 1953) Großbritannien, symbolisch/intim 7
Plötzlich scheint da ein Shift zu sein und so etwas wie eine unpersönliche Erkenntnis, die dich begreifen lässt, dass dies schon die Ganzheit ist. Die grenzenlose, nackte, unschuldige, frei schwebende und wunderbare Einfachheit des Seins ist schon da ...

Caird, John (* 1820; † 1898) Großbritannien, symbolisch/intim 8
Mit dem ersten Pulsschlag des richtig verstandenen geistigen Lebens ist die Trennung zwischen dem Geist und seinem Gegenstand aufgehoben.

Wilber, Ken (* 1949) USA, symbolisch/intim 9
Ich bin nicht im Universum, sondern das Universum ist in meinem Bewusstsein. Deshalb ist es das Bewusstsein, das zählt.

Ramakrishna (* 1836; † 1886) Indien, symbolisch/intim 10
Kennst du den wahren Sinn des Worts Buddha? Es bedeutet, dass man durch ständiges Nachdenken über das Bewusstsein zum Bewusstsein selbst wird.

Aus den Upanishaden: (700 - 200 v.u.Z.) symbolisch/intim 11
Der in der Erkenntnis wohnt –, und doch von der Erkenntnis verschieden ist –, den die Erkenntnis nicht kennt ... DER ist dein SELBST ... dein Unsterbliches. Nicht das, was der Verstand denkt, sondern das wodurch der Verstand denken kann –

Aquin, Thomas von (* 1225; † 1274) Italien, symbolisch/intim 12
Erkenntnis geschieht insoweit, als das erkannte Objekt im Erkennenden ist.

Fen-Yang, Meister (* 947; † 1024) China, symbolisch/intim 13
Aus der Verblendung und dem Zweifel
helfen selbst tausend heilige Schriften nicht heraus.
Beginnst du aber zu begreifen,
ist ein Wort schon zu viel.

Buddha (* 420; † ca. 368 v.u.Z) Indien, symbolisch/intim 14
Nicht Erkenntnis, sondern Verwirklichung ist wahre Religion.

Aristoteles (* 384; † 322 v.u.Z.) Griechenland, symbolisch/intim 15
Das Denken als solches aber geht auf das an sich Beste, das höchste Denken auf das Höchste. Darum denkt die absolute Vernunft im Ergreifen des Denkbaren sich selbst.

Fürst, Walter (* 1940), Deutschland, symbolisch/intim 16
Wir nennen es Denken oder Bewusstsein – in Wirklichkeit sitzen wir am Ufer unserer Innerlichkeit oder gehen auf und ab und beobachten die Brandung. Was die Wellen uns sagen, verstehen wir nicht, doch wie sie es sagen, ist uns bei weitem genug.

Hohl, Ludwig (* 1904; † 1980) Schweiz, symbolisch/intim 17
Die einen wissen nichts. Die andern verstehen das, was sie wissen, nicht. Sonst würden die Sterne reden. – Und alles andere auch.

Goethe, Johann Wolfgang von (* 1749; † 1832) Deutschland, symbolisch/intim 18
Erkenne dich! – Was soll das heißen?
Es heißt: sei nur und sei auch nicht!

Safranski, Rüdiger (* 1945) Deutschland, symbolisch/intim 19
Es wäre alles einfacher, wenn das Bewusstsein nur bewusstes Sein wäre.

Kühlewind, Georg (* 1924; † 2006) Ungarn, symbolisch/intim 20
Das Ich behauptet sich nicht, ja *erkennt sich nicht* (wer sollte wen erkennen?), es *ist* schlechthin. Erkennen und Sein fallen in ihm zusammen. Es ist die absolute Ruhe und zugleich die allergrößte Aktivität.

Hier erlebst du die audio-visuelle Darstellung der Erkenntnissätze:
www.instantlumen.de

Das Coaching: die Reise zum eigentlichen Erkennen

Und jetzt geht es los mit Selbsterkundungsimpulsen, Übungen und anderen Feinheiten, damit wir gut navigieren.
Wenn du schreibend oder sprechend verbindlicher mit dir bist, lohnt es sich, deine Antworten aufzuschreiben oder mithilfe von Sprachmemos zu verwurzeln. Der graue Balken zeigt dir, wo deine Antworten gefragt sind.

ALS ERSTES: Selbsterkundung = die Spreu vom Weizen trennen

Das symbolische Erkennen und Denken hat mit allem zu tun, was uns durch den Kopf geht. Es ist die Spreu. Das intime Erkennen geschieht, wenn wir den Kopf ganz frei haben. Deshalb kannst du jetzt die Spreu vom Weizen trennen, indem du **einerseits** überlegst oder aufschreibst, welcher Art deine Gedanken sind. Bei der Spreu lassen sich nochmals zwei Kategorien unterscheiden:

1. Das konstruktive Vorwärtsdenken. Zum Beispiel: Was mache ich wann und wie? Wie lässt sich das Problem, die Aufgabe lösen? Das ist die gute Spreu.
2. Das automatische Gedankenkarussell, das auf der Stelle dreht. Das ist die unerquickliche Spreu.

Und **andererseits** gibt es die überwältigend schöne Sendepause im Kopf, wenn wir uns zum Beispiel im Schönen ganz und gar verlieren. Schreib auf, wann du solche Momente des herrlichen Nicht-Denkens erlebt hast.

FRAGE 1: Welcher Art ist deine Spreu?
Zum Beispiel plagt dich eher das Gedankenkarussell oder sind deine Gedanken mehr sachlich aufs Abarbeiten und Erledigen ausgerichtet oder sind sie ganz frei gewählt, begeistert und toben sich mehr im kreativen Gestalten aus? Zu wie viel Prozent erlebst du was?

FRAGE 2: Wie vollherzig stehst du zu deiner guten Spreu?
Welche Nöte verbergen sich hinter deinem Gedankenkarussell? Welche Auslöse-Situationen lassen es anspringen? Zum Beispiel: Ungerechtigkeit, Nicht-Beachtung deiner Person, Eifersucht oder, oder ...

HAUPTFRAGEN bitte spontan beantworten:
Willst du auf dein Gedankenkarussell vollständig verzichten? Wer oder was hält dich davon ab?

ALS ZWEITES: in die Spur kommen

Vergegenwärtige dir genau, wie es sich anfühlt, wenn du ....

1. im Gedankenkarussell rotierst,
2. konstruktiv und kreativ denkst,
3. mit gänzlich freiem Kopf das Leben erfährst.

FRAGEN: Wie kannst du von der unerquicklichen Spreu, dem Gedankenkarussell zum konstruktiven Denken wechseln? Wie könntest du dein Gedankenkarussell unterbrechen? Was möchtest du bevorzugt denken? Hast du von Ute Lauterbach *„Raus aus dem Gedankenkarussell"* gelesen?

ÜBUNG 1: Schreibe auf, mit welcher konkreten Handlungskonsequenz du auf die Not hinter dem Gedankenkarussell reagieren könntest? Praktiziere sie in den nächsten drei Tagen.

ÜBUNG 2: Experimentiere damit, alles so anzuschauen, als sähest du es zum ersten Mal. Das gilt auch für Schatzi. Auch drei Tage lang und dann einfach für den Rest deines Lebens.

DAS MOTTO: Lieber denken als sich Gedanken machen!

EINGEDENK des Satzes: Je freier der Kopf, desto größer die Lebensfreude.

FEEDBACK an dich und von dir selbst: Wie leicht fällt es dir, erstens aus dem Gedankenkarussell auszusteigen und zweitens dich der Leere hinter den Gedanken hinzugeben?

SPEZIELLE FRAGE: Was ist normaler – ein freier Kopf oder das Rotieren im Heimkino?

ALS DRITTES: Absprung

IM GANZ GROSSEN, intimen Erkennen schmelzen die einzelnen Gedanken, um dich im unmittelbaren Denken und Erleben aufgehen zu lassen. Was triggert diesen Zustand bei dir bevorzugt?
Notiere deinen Renner.

KOAN: Wo bist *du*, wenn dein Kopf ganz frei ist?

SINNFRAGE: Wie sinnvoll wäre unser aller Leben, wenn wir das intime Erkennen mit freiem Kopf an die erste Stelle unseres Sinnens und Trachtens setzten?

Sharing

Bei diesem Erkenntnis-Abenteuer geht es um nichts weniger als die Verwirklichung des menschlich und „übermenschlich" Besten und Höchsten. Bei der gipfeligen Einkehr ins Bewusstsein selbst lassen wir unsere eintrainierte Persönlichkeit hinter uns und streifen unsere Standardeinstellungen ab. Deshalb ist dieser Zustand aller individuellen Merkmale entkleidet. Das bedeutet außerdem, dass alle Menschen in dieser Erfahrung gleich oder je nach Tiefe/Höhe ähnlich erleben. Darüber sich auszutauschen ist ein Verbundenheitsfest. Das kannst du hier auf „www.instantlumen.de/sharing" feiern, indem du beschreibst, wie es sich für dich *anfühlt*, **im intimen Erkennen**, also im unmittelbaren Erleben die Fülle des Nichts zu erfahren. Beschreibe nur dein Erleben. Lass alle Deutungen und Geschichten weg.

KOMM REIN!

In der vollständigen Geistesgegenwart denkst du klarer und schneller als in deinem besten, normalen Denken. Frag Einstein!

Wir betreten die 3. Lichtung:

Reines Erkennen

Einige Fragen als Richtungs- und Ideengeber:

- Was heißt reines Erkennen? Gibt es auch unreines?
- Wie können wir sicher sein, dass wir im reinen Erkennen sind?
- Wodurch unterscheidet sich die Erkenntnis vom Erkennen?
- Was ist Evidenz ganz genau?
- Woran merken wir, dass wir uns nichts vormachen?
  Oder andere uns nichts vormachen?

Blitzeinstieg in diese Lichtung

Mach das mal: Kehr ins Bewusstsein ein. Direkt. Dann landest du im reinen Erkennen. Du erfährst den Erkenntnisgipfel. Die sprachliche Beschreibung ist eine Herausforderung, denn Sprache ist immer symbolisch, indirekt und relativ, während das Erleben intim, direkt und absolut ist. Da hast du wieder den Unterschied intimes und symbolisches Erkennen. Im reinen Erkennen, im unmittelbaren Bewusst-Sein geht die Wahrnehmung nicht unter, sondern auf. Genau! Das ist der Sprung, der sich am Fullinger-Punkt der Bewusstseinsskala ereignet.

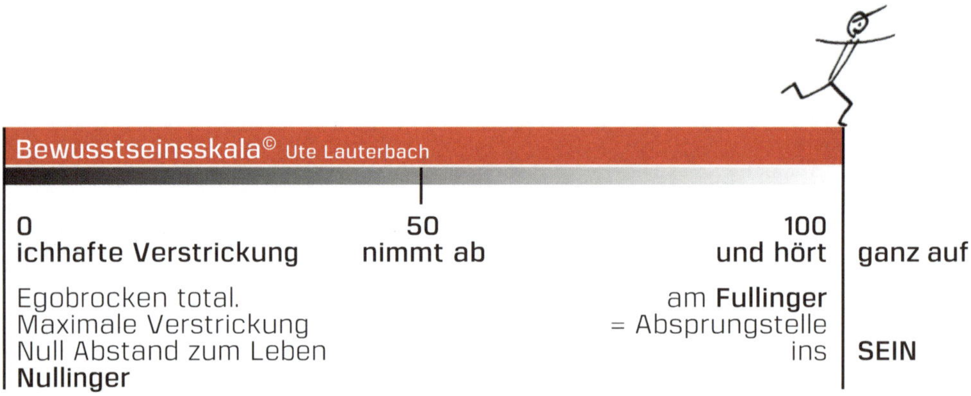

Der geglückte Sprung lässt uns von außengedrehter, unreiner Hirnerei zum einwärts gekehrten reinen Erkennen springen.

Die folgenden Sätze zeugen davon.

Das Herzstück

Die Erkenntnis-Zitate aus der Weltliteratur

Schopenhauer, Arthur (* 1788; † 1860) Deutschland, Reines Erkennen 1
In dem Augenblick, wo wir vom Wollen losgerissen, uns dem reinen willenlosen Erkennen hingegeben haben, sind wir gleichsam in eine andere Welt getreten, wo alles, was unseren Willen bewegt und dadurch uns so heftig erschüttert, nicht mehr ist.

Eudenbach, Wilma (* 1959) Deutschland, Reines Erkennen 2
Wo die Bewusstheit aufgeht, blüht die schönste Rose.

Maharishi, Ramana (* 1879; † 1950) Indien, Reines Erkennen 3
Da das Selbst, welches reines Bewusstsein ist, alles erkennt, ist es der Höchste Seher.

Rumi (* 1207; † 1273) Indien, Reines Erkennen 4
Du kannst den Himmel nur mit dem Herzen berühren.

Ryokan (* 1758; † 1831) Japan, Reines Erkennen 5
Vom Dachvorsprung tropft es und tropft.
Vollkommen dieser Augenblick.
In der unermesslichen Leere
Vertieft sich mein Verstehen.

Lauterbach, Ute (* 1955) Deutschland, Reines Erkennen 6
Was ist im freien Kopf? Im freien Kopf ist nur Bewusstsein. Reines Bewusstsein ist nichts, ist alles, ist Glückseligkeit.

Haas, William S. (* 1883; † 1956) Deutschland, Reines Erkennen 7
Der Geist steht sich selbst wie in einem Spiegel gegenüber und erkennt sich darin. So ist das, was der Geist am Ende lernt, dass er nur sich selbst erkennen kann.

Laotse (ca. 6. Jh. v.u.Z.) China, Reines Erkennen 8
Andere erkennen ist weise. Sich selbst erkennen ist Erleuchtung.

Sartre, Jean Paul (* 1905; † 1980) Frankreich, Reines Erkennen 9
Bewusstsein ist das, was es nicht ist, und nicht das, was es ist.

Spira, Rupert (* 1960) Großbritannien, Reines Erkennen 10
Das reine ‚Ich bin' ist Bewusstsein, das sich dem Bewusstsein zuwendet.

Dōgen, Eihei (* 1200; † 1253) Japan, Reines Erkennen 11
Wenn wir mit dem ganzen Körper und Geist sehen, wenn wir Klänge mit dem ganzen Körper und Geist hören, werden wir direkt verstehen.

Hebbel, Christian Friedrich (* 1813; † 1863) Deutschland, Reines Erkennen 12
Es gibt nichts, das der Geist völlig ausdenken kann, und so sind wir Lichter, die eigentlich nur sich selbst erleuchten.

Arendt, Hannah (* 1906; † 1975) USA, Reines Erkennen 13
... das Ende und Ziel alles Philosophierens wiederum in einem Zustand der Sprachlosigkeit, einer Anschauung, die sich in Worten nicht mitteilen lässt, bestehen soll.

Kühlewind, Georg (* 1924; † 2006) Ungarn, Reines Erkennen 14
Das letzte Ziel der Konzentration ist die Kontemplation, die Verwirklichung eines Selbstes, das die eigene Denktätigkeit erfährt.

Bodhidharma (* um 440; † um 528) Indien, Reines Erkennen 15
Dein Geist ist Nirvana.

Huineng (* 638; † 713) China, Reines Erkennen 16
Es gibt nichts Wahres irgendwo,
Das Wahre ist nirgendwo zu finden.
Wenn du sagst, du siehst das Wahre,
Dann ist dieses Sehen nicht wahr.
Wird das Wahre sich selbst überlassen,
Dann ist nichts Falsches in ihm, denn es ist der Geist selbst.
Wenn der Geist als solcher nicht vom Falschen befreit wird,
Dann gibt es nichts Wahres; nirgendwo kann das Wahre gefunden werden.

Merleau-Ponty, Maurice (* 1908; † 1961) Frankreich, Reines Erkennen 17
Das eigentümliche des Sehens besteht darin, Oberfläche einer unerschöpflichen Tiefe zu sein: dadurch verschafft es sich einen Zugang zu anderem Sehen als dem eigenen.

Rumi (* 1207; † 1273) Indien, Reines Erkennen 18
Jenseits von unseren Vorstellungen über richtig und falsch ist ein Ort – ich treffe dich dort.

Nisargadatta, Maharaj (* 1897 ; † 1981) Indien, Reines Erkennen 19
Bewusstsein ist das Vibrieren des Seins.

Massaro, Bentinho (* 1987 ; †) Holland, Reines Erkennen 20
Es gibt keine Realität außerhalb des Bewusstseins.

Hier erlebst du die audio-visuelle Darstellung der Erkenntnissätze:
www.instantlumen.de

Das Coaching: durchstarten zum reinen Erkennen

Und jetzt geht es los mit Selbsterkundungsimpulsen, Übungen und anderen Feinheiten, damit wir gut navigieren.
Wenn du schreibend oder sprechend verbindlicher mit dir bist, lohnt es sich, deine Antworten aufzuschreiben oder mithilfe von Sprachmemos zu verwurzeln. Der graue Balken zeigt dir, wo deine Antworten gefragt sind.

ALS ERSTES: Selbsterkundung = die Spreu vom Weizen trennen

Das reine Erkennen ereignet sich, wenn wir sekundenweise oder auch länger den Kopf ganz frei haben. Es ist ein Zustand völliger Fraglosigkeit, in dem sich alles in sinnerfüllter Klarheit und Evidenz zeigt. Eben **INSTANT LUMEN**! Du kannst jetzt die Spreu vom Weizen trennen, indem du **einerseits** überlegst oder aufschreibst, in welchen Situationen dich das Gefühl der Sinnlosigkeit überfällt. Wann dich Zweifel plagen und dir Welt und Leben fremd und fern vorkommen und **andererseits** gibt es Momente, in denen wir von tausend Evidenzen überflutet werden, in denen sich alles als sinnerfüllt und wahr darstellt. Wann erlebst du das?

FRAGE 1: Welcher Art ist deine Spreu?
Zum Beispiel: Anwandlungen von Sinnlosigkeitsempfindungen, Leben in der Sackgasse, Emigration in Scheinwelten, Süchte, Bodenlosigkeit, Ängste oder, oder ...

FRAGE 2: Was steckt hinter dem Gefühl der Sinnlosigkeit?
Zum Beispiel: mangelndes Vertrauen, Fremdbestimmung, dass das Leben im Schatten der Endlichkeit rudert, oder, oder ...

HAUPTFRAGE bitte spontan beantworten:
Wenn die Sinnfrage reine Entscheidungssache wäre, würdest du dich dann für Sinn oder für Null Sinn entscheiden?
Warum?

ALS ZWEITES: in die Spur kommen

Vergegenwärtige dir genau, wie es sich anfühlt, wenn du dich sinnerfüllt in der kosmischen Ordnung aufgehoben fühlst, anstatt im Chaos unterzugehen.

FRAGEN: Stoßen dich Menschen, die vom Sinn überzeugt sind, ab oder ziehen sie dich an? Präziser: Welche stoßen dich ab, welche ziehen dich an? Wodurch unterscheiden sie sich?

ÜBUNG 1: Schreibe auf, wann du Sinn-Erlebnisse hattest und überlege, wie du sie in den nächsten drei Tagen einladen könntest.

ÜBUNG 2: Experimentiere für drei Tage damit, täglich dreimal einem unbekannten Menschen eine Freude zu machen, jemanden anzulächeln oder konkret etwas zu schenken. Und dasselbe täglich dreimal mit einer bekannten Person. Nimm genau wahr, was du fühlst. Willst du etwas zurückbekommen? Kommst du dir unauthentisch vor? Bedienst du Harmoniezwänge? Genießt du es, einfach die Verbundenheit mit anderen zu erhöhen und zu spüren?

DAS MOTTO: Lieber im Unsinn schwelgen und souverän mit dem Chaos spielen als an der Sinnfrage zerbrechen!

EINGEDENK des Satzes: Das vollherzige Lieben beantwortet die Sinnfrage und ist ein Laufsteg ins reine Erkennen.

FEEDBACK an dich und von dir selbst: Wie leicht fällt es dir, die Sinnübungen zu machen? Was erlebst du dabei?

SPEZIELLE FRAGE: *Willst* du lieben, ohne es zu müssen?

ALS DRITTES: Absprung

> **DAS GANZ GROSSE reine Erkennen** empfängt dich mit offenen Armen, wenn dein Denken an nichts hängenbleibt. Wann ereignet sich dieser Empfang bei dir bevorzugt?
> Notiere deinen Renner.

KOAN: Wenn nichts Sinn macht, was macht dann Sinn?

SINNFRAGE: Wie sinnvoll wäre unser aller Leben, wenn wir „sicherheitshalber" in der Haltung der Sinnlosigkeit verharrten?

Sharing

Bei diesem Erkenntnis-Abenteuer geht es um nichts weniger als die Verwirklichung des menschlich und „übermenschlich" Besten und Höchsten. Bei der gipfeligen Einkehr ins Bewusstsein selbst lassen wir unsere eintrainierte Persönlichkeit hinter uns und streifen unsere Standardeinstellungen ab. Deshalb ist dieser Zustand aller individuellen Merkmale entkleidet. Das bedeutet außerdem, dass alle Menschen in dieser Erfahrung gleich oder je nach Tiefe/Höhe ähnlich erleben. Darüber sich auszutauschen ist ein Verbundenheitsfest. Das kannst du hier auf „www.instantlumen.de/sharing" feiern, indem du beschreibst, wie es sich für dich *anfühlt*, **das reine Erkennen zu erleben**. Beschreibe nur dein Erleben. Lass alle Deutungen, Geschichten und Vergegenständlichungen weg.

KOMM REIN!

Jetzt wird's gemütlich.

Wir betreten die 4. Lichtung:

Tun als Weglassen

Einige Fragen als Richtungs- und Ideengeber:

- Welcher Art ist die Aktivität beim Weglassen und Ablegen?
- Müssen wir als eher leistungsorientierte Macher bei dieser Art des Nicht-Tuns völlig umdenken?
- Wo setzen wir an?
- Setzt das „Tun als Weglassen" nicht voraus, was es zu erreichen strebt?
- Und was passiert, wenn endlich nichts passiert?

Blitzeinstieg in diese Lichtung

Beim Aufblitzen des **INSTANT LUMEN,** bei der Einkehr ins Bewusstsein wird der uns zugängliche Erkenntnisgipfel, das Sein, das Unendliche erlebbar, anstatt nur gedacht zu werden. Das Wort „Einkehr" impliziert, dass wir diese reine Schau aktiv betreiben könnten. Also du bist drin und dann kehrst du obendrein ein. Das stimmt jedoch nur indirekt: Unser „Tun" ist eher ein passiver Vollzug. Es besteht im Verlernen, im Ablegen, im Loslassen, im Nicht-Wollen, im Wegräumen... aber nicht im proaktiven Baggern. Das vielen schwerfällt. Aber lass es einfach stecken. Denn die Einkehr passiert, wenn du dich nicht mit Einzelnem identifizierst, sondern in gelassener Gleich-Gültigkeit im Ganzen aufgehst. Also entspannen, nicht anstrengen!

Am besten direkt weglassen und ablegen beim Lesen und Erleben der folgenden Weniger-ist-mehr-Sätze.

Das Herzstück

Die Erkenntnis-Zitate aus der Weltliteratur

Kafka, Franz (* 1883; † 1924) Tschechien, Tun als Weglassen 1
Du brauchst dein Zimmer nicht zu verlassen.
Bleibe an deinem Tisch sitzen und lausche.
Du brauchst nicht einmal zuzuhören, warte einfach nur ab.
Du brauchst nicht einmal zu warten, lerne einfach ruhig zu werden und still und für dich.
Die Welt wird sich dir freigebig darbieten, um demaskiert zu werden. Sie kann nicht anders; sie wird sich in Ekstase vor deinen Füßen wälzen.

Rumi (* 1207; † 1273) Indien, Tun als Weglassen 2
Wie erringen wir wahres Gewahrsein?
Indem wir dem Wissen entsagen.

Eckehart, Meister (* 1260; † 1328) Deutschland, Tun als Weglassen 3
Wir sehen viel, doch wir sehen erst eigentlich, wenn wir die wirren Lichter alle ausgeblasen haben und das eine klare, große in der Seele leuchtet.

Musil, Robert (* 1880; † 1942) Österreich, Tun als Weglassen 4
Alles, was die Wände unseres Lebens bildet, sozusagen die Kulisse unseres Bewusstseins, verliert die Fähigkeit, in diesem Bewusstsein eine Rolle zu spielen.

Beck, Charlotte Joko (* 1917; † 2011) USA, Tun als Weglassen 5
Der erleuchtete Zustand besteht nicht darin, eine Erfahrung zu *haben*; er ist die Abwesenheit jeder Erfahrung. Die Erleuchtung ist reines Erlebnis.

Verdier, Fabienne (* 1962) Frankreich, Tun als Weglassen 6
Vergiss, vergiss, und dein Geist wird <ganz plötzlich> für dich begreifen.

Krishnamurti (* 1895; † 1986) Indien, Tun als Weglassen 7
Ein Geist, der nicht durch Erinnerung verkrüppelt ist, ist wirklich frei.

Maharishi, Ramana (* 1879; † 1950) Indien, Tun als Weglassen 8
Schüler: Wie kann ich meine Gedanken beherrschen?
Meister: Wenn das Selbst verwirklicht ist, gibt es keine Gedanken mehr zu beherrschen. Es gibt nur Betrachtung.

Zen saying,Tun als Weglassen 9
Wenn du durch dieses Tor gehen möchtest, dann erlaube dir keinen einzigen Gedanken.

Sosan (* ca. 510; † ca. 606) China, Tun als Weglassen 10
Je mehr du darüber sprichst und nachsinnst, desto weiter entfernst du dich von der Wahrheit. Hör auf zu reden und zu denken; dann gibt es nichts, was du nicht wissen kannst.

Terence James Stannus Gray (* 1895; † 1986) Großbritannien, Tun als Weglassen 11
Die Leere ist das, was du nicht sehen kannst, wenn du nach einem Ich ausschaust, das nicht da ist. Warum? Weil sie das ist, was schaut.

Kornfield, Jack (* 1945) USA, Tun als Weglassen 12
Sobald die gründliche Aufmerksamkeit die wirkliche Gegenwart vom Wasserfall der Gedanken unterscheidet, tritt die Welt in strahlender Schönheit zu Tage.

Rinpoche (* 1940) Tibet, Tun als Weglassen 13
Sobald keinerlei Fixierung mehr da ist, legt der Geist alle Verwirrung ab.

Verdier, Fabienne (* 1962) Frankreich, Tun als Weglassen 14
Das Ziel ist, gewahr zu sein, ohne sich einer Sache bewusst zu sein – Leere in sich zu schaffen.

Aurobindo (* 1872; † 1950) Indien, Tun als Weglassen 15
Bewusst zu sein ist Freude. Wenn man das Bewusstsein von den Tausenden von geistigen, vitalen und stofflichen Schwingungen, die es aufsaugen, freigemacht hat, entdeckt man die Freude.

Chödrön, Pema (* 1936) USA, Tun als Weglassen 16
... halt dich nicht mit dir selbst auf, sondern verbinde dich mit der grundlegenden Energie ...

Huang-po (* 770; † 850) China, Tun als Weglassen 17
Plötzlich aber der Tatsache gewahr zu werden, dass euer eigener Geist Buddha ist und nichts zu erreichen, keine einzige Handlung zu vollbringen ist, das ist der höchste Weg.

Eckehart, Meister (* 1260; † 1328) Deutschland, Tun als Weglassen 18
Nimm dich selber wahr und wo du dich findest, da lass von dir ab. Das ist das Allerbeste.

Reps, Paul (* 1895; † 1990) USA, Tun als Weglassen 19
O Geliebte, richte deine Aufmerksamkeit weder auf Annehmlichkeit noch auf Schmerz, sondern zwischen diese.

Hier erlebst du die audio-visuelle Darstellung der Erkenntnissätze:
www.instantlumen.de

Das Coaching: durchstarten zum Weglassen

Und jetzt geht es los mit Selbsterkundungsimpulsen, Übungen und anderen Feinheiten, damit wir gut navigieren.
Wenn du schreibend oder sprechend verbindlicher mit dir bist, lohnt es sich, deine Antworten aufzuschreiben oder mithilfe von Sprachmemos zu verwurzeln. Der graue Balken zeigt dir, wo deine Antworten gefragt sind.

ALS ERSTES: Selbsterkundung = die Spreu vom Weizen trennen

Das Tun als Weglassen öffnet einen Raum und strengt nicht an. Deshalb kannst du jetzt die Spreu vom Weizen trennen, indem du **einerseits** überlegst oder aufschreibst, welche Tätigkeiten dich ungut anstrengen, weil innere oder äußere Widerstände auf der Piste sind.

und **andererseits** bei welchen Tätigkeiten alles wie von selbst flutscht, weil Freude und Begeisterung dich ziehen.

FRAGE 1: Welche Spreu kennst du? Perfektionismus, Leistungswahn, Ergebnisgeilheit, Recht-machen-Müssen, oder, oder ...?

FRAGE 2: Was steckt hinter deinen Anstrengungsbemühungen?
Zum Beispiel: Angst vor Liebesverlust, Verarmungssorgen, Selbstwert-Nöte oder, oder ...

HAUPTFRAGE bitte spontan beantworten:
Wie willst du leben?

ALS ZWEITES: in die Spur kommen

Vergegenwärtige dir genau, wie es sich anfühlt, wenn du jedwede Anstrengung weglässt.

FRAGEN: Wie könntest du (noch mehr) Anstrengungsfreiheit umsetzen? Was machst du dann bevorzugt? Was fährst du runter? Was lässt du einfach weg?

ÜBUNG 1: Schreibe eine oder einige konkrete Weglass-Handlungskonsequenz(en) auf und praktiziere sie in den nächsten drei Tagen.

ÜBUNG 2: Experimentiere mit dem Tempo: doppelt so schnell, doppelt so langsam bei allem, was du tust und nicht tust.

DAS MOTTO: Immer schön am entspannten Nichts, an der Leichtigkeit, am Aufatmen entlang ...

EINGEDENK des Satzes: Im wahren Nichtstun bleibt nichts ungetan.

> **FEEDBACK** an dich und von dir selbst: Wie leicht fällt es dir, dich nicht anzustrengen? Was hast du erlebt?

SPEZIELLE FRAGE: Wie gewöhnungsbedürftig bist du für dich?

ALS DRITTES: Absprung

> **DAS GANZ GROSSE Tun als Weglassen** verweilt einen Schritt hinter jedem Handeln, ist leicht gespannt, was passiert, lässt sich selbst nicht handelnd agieren. Ereignishaftes „Tun" aus der Spontaneität, dem Moment, dem Herzen heraus – nicht aus dem Vorsatz, dem Sachzwang, sondern ...
> Was ist dein Renner? ...

KOAN: Was genau machst du, wenn du wirklich nichts machst?

ALL YOU NEED IS LESS.

SINNFRAGE: Wie sinnvoll wäre unser aller Leben, wenn wir im eigentlichen Tun, in der Liebe zum Tun aufgingen, anstatt uns in der unguten Anstrengung zu verheizen?

Sharing

Bei diesem Erkenntnis-Abenteuer geht es um nichts weniger als die Verwirklichung des menschlich und „übermenschlich" Besten und Höchsten. Bei der gipfeligen Einkehr ins Bewusstsein selbst lassen wir unsere eintrainierte Persönlichkeit hinter uns und streifen unsere Standardeinstellungen ab. Deshalb ist dieser Zustand aller individuellen Merkmale entkleidet. Das bedeutet außerdem, dass alle Menschen in dieser Erfahrung gleich oder je nach Tiefe/Höhe ähnlich erleben. Darüber sich auszutauschen ist ein Verbundenheitsfest. Das kannst du hier auf „www.instantlumen.de/sharing" feiern, indem du beschreibst, wie es sich für dich *anfühlt*, **im Weglassen zu erblühen**. Beschreibe nur dein Erleben. Lass alle Deutungen und Vergegenständlichungen weg.

KOMM REIN!

Alle Lichtungen gewähren sowieso nur den Anblick dessen, was immer schon da ist.

Wir betreten die 5. Lichtung:

Es ist schon da

Einige Fragen als Richtungs- und Ideengeber:

- Was genau ist „Es"?
- Inwiefern ist Es schon da?
- Und wo ist Es?
- Ist Es der Sinn des Lebens? Wieso suchen wir, was schon da ist?
- Spielen wir Verstecken mit uns selbst?

Blitzeinstieg in diese Lichtung

Es ist alles schon da. Alles. Das ist doch sehr merkwürdig – wie kann es denn angehen, in etwas einzukehren, wenn wir uns schon darin befinden? Also du willst da rein, aber du bist schon drin. Wir haben doch bereits das Bewusstsein, in das es einzukehren gilt. Welche Paradoxie narrt uns?

Es ist immer dasselbe: Sowie wir das Bewusstsein als Ort, als Größe, als etwas denken, das von uns absteht, dann ist es naheliegend zu denken, wir hätten es noch zu erlangen. Und dieser Abstand ist unser Dauerzustand, wenn wir uns im symbolischen Denken das bewusste Sein zustellen. Dann sind wir so etwa in der Situation eines im Meer schwimmenden Fisches, der sich nach Wasser sehnt.

Der alle Einkehr verhindernde Abstand ist das Nicht-Realisieren, dass wir schon da sind, wo wir hin wollen. Hier! Da bitte: Wollen! Bereits dieses Wort ist doch der glatte Beweis dafür, dass wir nicht schnallen, dass uns die Ankunft nicht bevorsteht! Im Wollen will ich irgendwo hin, aber ich bin ja schon drin. Wir könnten doch noch nicht einmal das Simpelste denken oder wahrnehmen, wenn wir nicht bereits im Ziel wären.

Ohne Bewusstsein kein Denken. Das Bewusstsein ist ursprünglicher. Aus der Ursprünglichkeitsperspektive betrachtet, wissen wir, dass alles schon da ist und es nichts zu erreichen gibt.

Oder nimm die Bezeichnung **INSTANT LUMEN**! „Instant“ steht für „augenblicklich, sofort, schnell, praktisch, unaufwändig“ und „Lumen“ steht für „Licht, Geist, Lichtung im Gedankenkram“. Bei „Lumen“ denken wir auch an das Lumen naturale – das Licht des menschlichen Geistes. Es ist die grundlegende Voraussetzung dafür, dass es so etwas wie Verstand und Vernunft überhaupt geben kann. Und dieses Grundlegende ist immer schon da.

Es wäre blitzartig, sofort und unaufwändig, umschweiflos zu realisieren, dass die höchste Lust, das unglaubliche Bewusstseinslicht, näher als nah ist.

Das haben die Gipfelstürmer des denkenden Nichtdenkens erkannt.

Das Herzstück

Die Erkenntnis-Zitate aus der Weltliteratur

Zen saying, Es ist schon da 1
Du kannst keinen Raum betreten, den du nie verlassen hast.

Platon (* 427; † 348 v.u.Z.) Griechenland, Es ist schon da 2
Alles Lernen ist das Erinnern an etwas, das längst da ist und nur auf Entdeckung wartet.

James Swartz (* 1941) USA, Es ist schon da 3
Du erlangst nicht etwas, was du nicht hast; du realisierst einfach nur, dass du das, was du wie verrückt gesucht hast, immer schon hattest.

Chopra, Deepak (* 1946) Indien, Es ist schon da 4
Die Quelle unseres Glücks ist unser eigenes Bewusstsein – und zwar in seiner schlichtesten Form.

Watzlawick, Paul (* 1921; † 2007) Österreich, Es ist schon da 5
Auf einmal war es ... klar, dass die Suche der einzige Grund des bisherigen Nichtfindens gewesen war; dass man da draußen in der Welt nicht finden und daher nie haben kann, was man immer schon ist.

Jung, Carl Gustav (* 1875; † 1961) Schweiz, Es ist schon da 6
Wer nach außen sieht, träumt. Wer nach innen sieht, erwacht.

Keller, Helen (* 1880; † 1968) USA, Es ist schon da 7
Wonach ich suche ist nicht da draußen, sondern in mir.

Beck, Charlotte Joko (* 1917; † 2011) USA, Es ist schon da 8
Wenn der Geist klar und ausgeglichen wird und nicht mehr von Objekten gefangen ist, kann eine Öffnung geschehen, und wir erkennen für einen Augenblick, wer wir wirklich sind.

Laotse (ca. 6. Jh. v.u.Z.) China, Es ist schon da 9
Je weiter einer hinausgeht,
desto geringer wird sein Wissen.
Darum braucht der Berufene nicht zu gehen
und weiß doch alles...

Wilber, Ken (* 1949) USA, Es ist schon da 10
Durch die Erleuchtung oder das Erwachen wird nicht etwas geschaffen, was vorher nicht da war, sondern urplötzlich geht einem auf, was immer schon ist.

Sosan (* ca. 510; † ca. 606) China, Es ist schon da 11
Wenn das Auge niemals schläft, werden alle Träume auf natürliche Weise enden.
Wenn der Geist keine Unterschiede macht, sind die zehntausend Dinge so, wie sie sind, von einer einzigen Essenz.

Buber, Martin (* 1878; † 1965) Österreich, Es ist schon da 12
Das Sein ist das Zwischen, das verbindet.

Chopra, Deepak (* 1947) Indien, Es ist schon da 13
Das Universum ist ein einziger Prozess, der im Bewusstsein auftaucht ... und nur indem wir mit diesem Prozess verschmelzen, können wir entdecken, wer wir wirklich sind.

Yesudian, Selvarajan (* 1916; † 1998) Indien, Es ist schon da 14
Gott ist Geist und Geist kann man nur sein. ... Wahre Religion ist daher Verwirklichung des Geistes.

Whitman, Walt (* 1819; † 1892) Großbritannien, Es ist schon da 15
Ich suche kein Glück, ich bin das Glück.

Krishnamurti (* 1895; † 1986) Indien, Es ist schon da 16
Der Inhalt des Bewusstseins ist Bewusstsein.

Beck, Charlotte Joko (* 1917; † 2011) USA, Es ist schon da 17
Bewusstsein ist ganz einfach; wir müssen nichts dazutun, wir müssen es nicht verändern.

Caird, John (* 1820; † 1898) Großbritannien, Es ist schon da 18
... es handelt sich vielmehr um das Bemühen, durch die ständige Ausübung spiritueller Aktivität sich das unendliche Erbe anzueignen, das wir jetzt schon besitzen.

Osho (* 1931; † 1990) Indien, Es ist schon da 19
Erleuchtung bedeutet genau dies: den Verstand zurückzulassen. Und wenn du den Verstand zurücklässt, bist du selbst da.

Massaro, Bentinho (* 1987) Holland, Es ist schon da 20
Du kannst dem Bewusstsein nie entrinnen. Es ist der Boden aller Erfahrungen, der Treffpunkt aller Erfahrungen.

Hier erlebst du die audio-visuelle Darstellung der Erkenntnissätze:
www.instantlumen.de

Das Coaching, das Durchstarten zum Bereits-Da

Und jetzt geht es los mit Selbsterkundungsimpulsen, Übungen und anderen Feinheiten, damit wir gut navigieren.
Wenn du schreibend oder sprechend verbindlicher mit dir bist, lohnt es sich, deine Antworten aufzuschreiben oder mithilfe von Sprachmemos zu verwurzeln. Der graue Balken zeigt dir, wo deine Antworten gefragt sind.

ALS ERSTES: Selbsterkundung = die Spreu vom Weizen trennen

Dass das Gesuchte, Ersehnte, das Schöne, – der Sinn – schon da sind, übersehen wir so hartnäckig, wie uns die Luft zum Atmen selbstverständlich ist. Noch krasser: Wir spielen sogar Verstecken, indem wir am falschen Ort suchen und (er)finden, was im Grunde längst das Gefundendste ist. Deshalb kannst du jetzt die Spreu vom Weizen trennen, indem du **einerseits** überlegst oder aufschreibst, wo du (oder die Menschen) normalerweise das Glück, die Glückseligkeit, den Sinn, das Höchste usw. suchst. Z.B. in der Partnerschaft, im Konsum ...

und **andererseits** erkundest, wie lang der Weg zur wirklichen Erfüllung ist.

HÖHER, WEITER, SCHNELLER 9853,3 KM
ZUR EINKEHR INS BEWUSSTSEIN 0,0 KM

FRAGE 1: Welcher Art ist deine Spreu?
Zum Beispiel: Tradierte und verinnerlichte Vorstellungen vom Glück, geglaubte oder implizite Versprechungen oder, oder ...

FRAGE 2: Was steckt hinter diesen Vorstellungen?
Zum Beispiel: Sicherheitsgefängnisse, um das „Glück" einzufrieren, auf dass es hält, bis dass der Tod uns scheidet, also die Angst vor Veränderung, das eitle Bemühen zu fixieren, was sich nicht fixieren lässt oder, oder ...

HAUPTFRAGE bitte spontan beantworten:
Was gewinnst du, wenn du dich der Unsicherheit und der Veränderung in die Arme wirfst?

ALS ZWEITES: in die Spur kommen

Vergegenwärtige dir genau, wie es sich anfühlt, wenn du nicht resignativ sondern frohlockend jedwedes Suchen aufgibst.

FRAGEN: Ist es riskant, nicht zu suchen, nicht zu glauben, nicht mehr zu wollen, was üblicherweise gewollt wird? Wenn ja, was genau riskierst du? Und was riskierst du, wenn du das nicht riskierst?

ÜBUNG 1: Schreibe auf, wie du dich vollherzig auf das einlassen kannst, was ist. Und notiere auch, wie du dich ganz und gar auf das einlassen könntest, was hinter allem, was ist, sowieso ist. Und auch auf das, was noch nicht ist. Schmecke in den nächsten drei Tagen, wie es sich anfühlt,
●●● dich einzulassen auf das, was ist
●●● dich einzulassen auf das, was hinter allem ist
●●● dich einzulassen auf das, was noch nicht ist.
●●● Ist das anstrengend für dich? Was ist am leichtesten?

ÜBUNG 2: Experimentiere damit drei Tage lang den kürzesten Weg zu nehmen. Nimm den direkten Weg in dein Bewusstsein.

BRAVER, LIEBER, SCHÖNER 17893,81 KM
ZUR EINKEHR INS BEWUSSTSEIN 0,0 KM

DAS MOTTO: Warum Umwege machen, wenn es eine Direttissima gibt?!

EINGEDENK des Satzes: Wer nicht sucht, ist schon da.

FEEDBACK an dich und von dir selbst: Wie leicht fällt es dir, dich an dein reines Bewusstsein hinzugeben, um dort zu realisieren: ES ist schon da?

SPEZIELLE FRAGEN: Wie weit ist der Weg? Und welcher Weg eigentlich?

ALS DRITTES: Absprung

> **DAS GANZ GROSSE** Realisieren von **Es ist schon da** entzieht sich uns augenblicklich, wenn wir uns festhalten oder gar festbeißen im Denken, im Außen, im Funktionieren, im ...
> Notiere deinen Renner.

KOAN: Was ist schon da, wenn es schon da ist?

SINNFRAGE: Wie sinnvoll wäre unser aller Leben, wenn wir darin geübt wären, den kürzesten Weg zu nehmen?

KOMPARATIVER UND FERNER 30570,17 KM
ZUR EINKEHR INS BEWUSSTSEIN 0,0 KM

Sharing

Bei diesem Erkenntnis-Abenteuer geht es um nichts weniger als die Verwirklichung des menschlich und „übermenschlich" Besten und Höchsten. Bei der gipfeligen Einkehr ins Bewusstsein selbst lassen wir unsere eintrainierte Persönlichkeit hinter uns und streifen unsere Standardeinstellungen ab. Deshalb ist dieser Zustand aller individuellen Merkmale entkleidet. Das bedeutet außerdem, dass alle Menschen in dieser Erfahrung gleich oder je nach Tiefe/Höhe ähnlich erleben. Darüber sich auszutauschen ist ein Verbundenheitsfest. Das kannst du hier auf „www.instantlumen.de/sharing" feiern, indem du beschreibst, wie es sich für dich *anfühlt*, **im „Es ist schon da" anzukommen**. Beschreibe nur dein Erleben. Lass alle Deutungen, Geschichten und Vergegenständlichungen weg.

KOMM REIN!

Solange wir Lichtungen noch betreten müssen, sind wir im Dualitätstheater – unserem Hauptaufenthaltsort. Das ist Quatsch: vom Einssein her gesehen.

Wir betreten die 6. Lichtung:

Einssein

Einige Fragen als Richtungs- und Ideengeber:

- Der Mensch ist als Individuum, als Einzelwesen immer für sich, abgetrennt von anderen. Wie kann da Einssein Wirklichkeit werden?
- Welche Definition von Einssein tritt hier auf den Plan?
- Besteht nicht die Gefahr, sich im großen Einssein zu verlieren?
- Muss restloses Einssein nicht notwendigerweise gegenseitig oder allseitig sein?

Blitzeinstieg in diese Lichtung

Eins zu sein mit allem und jedem bedeutet, ungetrennt zu sein. Die Trennung bekommen wir hin durch den ständigen Auftritt unserer Person bei uns selbst: Jeden Morgen wirst du mit dir wach, jeden Abend schläfst du mit dir ein. Du bist für dich der Nabel der Welt, weil du immer da bist, wo du bist. Eine grenzsetzende und einengende Verschraubung.

JE MEHR ICH DAS ICH VERTEIDIGE,
UM SO MEHR ENTFERNE ICH MICH VON MIR.

Aber manchmal ist in der liebenden Entäußerung, im innigsten Verbundensein ein Vorgeschmack auf das ganz große Einssein. Auch das Gefühl, vor lauter Glück die ganze Welt umarmen zu können, lässt uns das Einssein ahnen. Wer sich restlos vergisst, gibt die übelste Gewohnheit auf: das mit sich selbst, ja nicht nur mit sich selbst identifizierte Ich, sondern das mit sich selbst infizierte Ich. Ich weg = Einssein da. Und damit auch das **INSTANT LUMEN**.

Um es mit Rilke zu sagen: „umarmend umarmt". Das ist die Realisation, dass wir als Bewusstsein denselben raumlosen Raum teilen. Grenzenlos, unendlich, verbunden. Einssein bedeutet in vollständiger, nahtloser Abstandslosigkeit zum Leben, genauer: zum Sein zu sein. Also als Sein im Sein zu sein. Und genau das ist die Einkehr ins Bewusst-Sein.

Immer wieder haben Menschen diese große Erfahrung formuliert.

Das Herzstück

Die Erkenntnis-Zitate aus der Weltliteratur

Kierkegaard, Søren (* 1813; † 1855) Dänemark, Einssein 1
Der Geist kann sich nicht selbst abschütteln und kann sich auch nicht selbst ergreifen, solange er sich selbst außerhalb von sich selber hat ...

Juan Ramón Jiménez (* 1881; † 1958) Spanien, Einssein 2
Mein Herz ist nun so rein,
dass es gleichviel zählt, ob es stirbt
oder singt.

Eckehart, Meister (* 1260; † 1328) Deutschland, Einssein 3
Das Auge, mit dem ich Gott sehe und das Auge, mit dem Gott mich sieht, ist ein- und dasselbe Auge.

Emerson, Ralph Waldo (* 1803; † 1882) USA, Einssein 4
Aller niedriger Egoismus schwindet. Ich werde zu einem durchscheinenden Augapfel; ich bin nichts; ich sehe alles.

Hung-Chih Meister (* 1091; † 1157) China, Einssein 5
Schweigend, gelassen, vergisst man alle Worte;
Klar und lebendig erscheint Das.

Heidegger, Martin (* 1889; † 1976) Deutschland, Einssein 6
Das Sein steht nie von uns ab, weil es das ist, worin wir versetzt sind.

Krishnamurti (* 1895; † 1986) Indien, Einssein 7
Bewusstheit ist die vollständige und bedingungslose Hingabe an das, was ist, ohne Rationalisierung, ohne die Trennung von Beobachter und Beobachtetem.

Kühlewind, Georg (* 1924; † 2006) Ungarn, Einssein 8
Das Bewusstsein kann das Sehen sehen; so wird es unabhängig vom Gesehenen und erfährt. Sehen und Gesehenes sind eins. ... Das wahre Subjekt steht nicht dem lebendigen Denken gegenüber. Dieses ist kein Gegenstand. Es ist identisch mit dem lebendigen Denken.

Maharishi, Ramana (* 1879; † 1950) Indien, Einssein 9
In Wahrheit ist da nichts anderes als das Selbst, und es ist weder der Seher noch das Gesehene, nicht als Subjekt oder Objekt involviert.

Laṅkāvatāra-sūtra (ca. 4. Jh.) Indien, Einssein 10
Wahrheit ist die Selbst-Verwirklichung, die von den Weisen vermöge ihrer nicht-dualistischen Einsicht innerlich verwirklicht wurde.

Sagan, Samuel (* 1957) Frankreich, Einssein 11
Der Weise ist in einen Bewusstseinsraum hineingeschleudert worden, in dem die innere Gegenwärtigkeit spontan erfolgt.

Schrödinger, Erwin (* 1887; † 1961) Österreich, Einssein 12
Die Welt ist nur einmal gegeben. Urbild und Spiegelbild sind eins.
Die Vielheit ist bloßer Schein; in Wahrheit gibt es nur ein Bewusstsein.

Kurt Tucholsky (* 1890; † 1935) Deutschland, Einssein 13
In der vollkommenen Stille hört man die ganze Welt.

'Arabī, Muhyī d-Dīn Ibn (* 1165; † 1240) Spanien, Einssein 14
Du könntest mich nicht durch dich selbst wahrnehmen.
Wenn du mich jedoch wahrnimmst, nimmst du dich selbst wahr.

Voltaire (* 1694; † 1778) Frankreich, Einssein 15
Meditation ist das Auflösen der Gedanken im ewigen Gewahren oder reinen Bewusstsein ohne Objektbildungen, Wissen ohne Denken, die Endlichkeit in die Unendlichkeit eintauchen.

Padmasambhava (8. bis 9. Jh.) Pakistan, Einssein 16
... im völligen Begreifen zeigt sich das Gesuchte als eins mit dem Suchenden.

Benoit, Hubert (* 1904; † 1992) Frankreich, Einssein 17
Die Nicht-formale unmittelbare Wahrnehmung der Existenz ist die einfachste Wahrnehmung, die man sich nur vorstellen kann.

Reps, Paul (* 1895; † 1990) USA, Einssein 18
Im Denken an nichts wird das begrenzte Selbst *unbegrenzt*.

James, William (* 1842; † 1910) USA, Einssein 19
In mystischen Zuständen werden wir eins mit dem Absoluten und uns zugleich dieser Einheit bewusst.

von Meysenburg, Malwida (* 1816; † 1903) Deutschland, Einssein 20
Ich ... erkannte, was das eigentliche Gebet ist: Einkehr aus der Vereinzelung der Individuation heraus in das Bewusstsein der Einheit mit allem, was ist.

Plotin (* 204; † 270) Ägypten, Einssein 21
Oft wenn ich aus dem Schlummer des Leibes zu mir selbst erwache, schaue ich in eine wundersame Schönheit: ich glaube dann am festesten an meine Zugehörigkeit zu einer besseren und höheren Welt, wirke kräftig in mir das herrlichste Leben und bin mit der Gottheit eins geworden.

Hier erlebst du die audio-visuelle Darstellung der Erkenntnissätze:
www.instantlumen.de

Das Coaching: durchstarten zum Einssein

Und jetzt geht es los mit Selbsterkundungsimpulsen, Übungen und anderen Feinheiten, damit wir gut navigieren.
Wenn du schreibend oder sprechend verbindlicher mit dir bist, lohnt es sich, deine Antworten aufzuschreiben oder mithilfe von Sprachmemos zu verwurzeln. Der graue Balken zeigt dir, wo deine Antworten gefragt sind.

ALS ERSTES: Selbsterkundung = die Spreu vom Weizen trennen

Im großen Einssein verschwindet jeglicher Abstand und jegliche Ich-Verwaltung zugunsten einer nahtlosen Verbundenheit mit dem Leben schlechthin. Von der Nahtlosigkeit über die feine Naht, die grobe Naht bis hin zur Kluft – das sind Steigerungsstufen des Getrenntseins. Es gilt: je getrennter, desto einsamer. Hier siehst du die Spreu und den Weizen und kannst sie trennen, indem du **einerseits** überlegst oder aufschreibst, wann du dich ungut einsam fühlst und wann du mehr auf dir beharrst und dich verteidigst als dir bekömmlich ist. Oder zu wenig ...

und **andererseits** wann du dich aufs Köstlichste verlierst.

FRAGE 1: Welcher Art ist deine Spreu?
Zum Beispiel: Angst dich zu verlieren, im symbiotischen Kleben unterzugehen, in der Einsamkeit oder der beliebigen Geselligkeit zu stranden oder, oder ...

FRAGE 2: Was steckt hinter deinen Ich-Befestigungsmaßnahmen? Zum Beispiel: ewiges Zurückstehen in der Ursprungsfamilie, deinen Platz nicht gehabt zu haben, verlassen worden zu sein, keinen seelischen Raum gehabt zu haben oder, oder ...

HAUPTFRAGE bitte spontan beantworten:
Was willst du: Einsamkeit? Zweisamkeit? Nahtlose Alleinheitkeit? Warum?

ALS ZWEITES: in die Spur kommen

Vergegenwärtige dir genau, wie es sich anfühlt, wenn du dich vom Leben und dir selbst getrennt fühlst. Und wie, wenn du dich eins fühlst mit dir, der Natur und anderen. Zum Beispiel wenn du im überwältigenden, bedingungslosen Lieben verloren gehst. Sei es, dass du Schatzi, deine Kinder oder deinen Dackel bedingungslos liebst.

FRAGEN: Wer oder was macht es dir leicht, bedingungslos zu lieben. Wie könntest du von der Leere zur Fülle der Einsamkeit wechseln? Wie Rilkes Aussage
„Meine heilige Einsamkeit du –
halte die goldenen Türen zu,
vor denen die Wünsche warten."
in deinem Leben umsetzen? Welche Wünsche meint Rilke? Welche meint er nicht?

ÜBUNG 1: Schreibe auf, inwiefern jedes Hadern dich trennt. Und womit du nicht mehr hadern willst. Praktiziere diese Haltung in den nächsten drei Tagen. Und beobachte, wie du dich dabei fühlst.

ÜBUNG 2: Experimentiere für drei Tage, dich im Augenblick, im Bedingungslosen zu verlieren – so oft wie möglich.

DAS MOTTO: Hadern ade! Bejahen juche!

EINGEDENK des Satzes: Wer wahrhaftig liebt, ist eins mit dem Geliebten – bis alles irgendwann Geliebtes ist.

FEEDBACK an dich und von dir selbst: Wie leicht fällt es dir, das Hadern und damit dich loszulassen? In welchen Situationen geht es leicht, in welchen nicht so leicht?

SPEZIELLE FRAGE: Ist das Große und Ganze größer als du?

ALS DRITTES: Absprung

> **DAS GANZ GROSSE Einssein** ist die denkbar äußerste Heimat. So eine Art ortloser Ort in zeitloser Zeit. Ein Aufgehen in der Fülle des merkmallosen Einsseins. Eben die Einkehr ins Bewusstsein. Verständlich? Zum Beispiel, wenn du alle, ALLE Grenzen fallen lässt oder sogar ohne das „Geräusch" deiner Sinne lebtest oder ...
> Notiere deinen Renner.

KOAN: Wie unsicher ist das Sicherste?

SINNFRAGE: Wie sinnvoll wäre unser aller Leben, wenn wir alle im unbegrenzten Win-Win-Win-Win ... spielten?

Sharing

Bei diesem Erkenntnis-Abenteuer geht es um nichts weniger als die Verwirklichung des menschlich und „übermenschlich" Besten und Höchsten. Bei der gipfeligen Einkehr ins Bewusstsein selbst lassen wir unsere eintrainierte Persönlichkeit hinter uns und streifen unsere Standardeinstellungen ab. Deshalb ist dieser Zustand aller individuellen Merkmale entkleidet. Das bedeutet außerdem, dass alle Menschen in dieser Erfahrung gleich oder je nach Tiefe/Höhe ähnlich erleben. Darüber sich auszutauschen ist ein Verbundenheitsfest. Das kannst du hier auf „www.instantlumen.de/sharing" feiern, indem du beschreibst, wie es sich für dich *anfühlt*, **im großen Einssein zu verschweben**. Beschreibe nur dein Erleben. Lass alle Deutungen, Geschichten und Vergegenständlichungen weg.

KOMM REIN!

Jetzt wird das Durchstarten besonders philosophisch. Viel Spaß!

Wir betreten die 7. Lichtung:

Wie kommen wir zum Ziel?

Einige Fragen als Richtungs- und Ideengeber:

- Was genau ist das Ziel?
- Muss der Begriff „Ziel“ differenziert werden?
- Wie kann bei einem ziellosen Ziel sinnvoll von einem Weg gesprochen werden?
- Lässt sich die Paradoxie eines weglosen Wegs lösen?
- Wie erleben wir das Erreichen des Ziels?

Blitzeinstieg in diese Lichtung

Wie wir zum Ziel kommen – das brauchen wir jetzt noch und dann hätten wir's. **Die ganz praktischen Übungshinweise** scheinen absurd in der Formulierung, weil sie einfacher sind, als unser Leistungsdenken und unser Kampfgeist sich vorstellen können. Im Grunde gilt es ja nur zu vollbringen, was schon ist. Deshalb klingen alle Anleitungen so verrückt, wie es nötig wäre, sich zu verrücken – und zwar in eine ganz andere Perspektive hinein!

Vollziehe oder ahne es doch einfach beim Erleben der folgenden Sätze:

Das Herzstück

Die Erkenntnis-Zitate aus der Weltliteratur

Hoff, Benjamin (* 1946) USA, Wie kommen wir zum Ziel? 1
Nimm einfach den Weg zum Nichts und geh nach Nirgendwo, bis du ankommst.

Reps, Paul (* 1895; † 1990) USA, Wie kommen wir zum Ziel? 2
Im Sommer, wenn du den ganzen Himmel in endloser Klarheit siehst, *begib dich hinein in diese Klarheit.*

Nietzsche, Friedrich (* 1844; † 1900) Deutschland, Wie kommen wir zum Ziel? 3
Reinigen muss sich noch der Befreite des Geistes. Viel Gefängnis und Moder ist noch in ihm zurück: rein muss noch sein Auge werden.

Chödrön, Pema (* 1936) USA, Wie kommen wir zum Ziel? 4
... verweile in bedingungsloser Offenheit, zerschneide geduldig alle Neigungen anzuhaften.

Blake, William (* 1757; † 1827) Großbritannien, Wie kommen wir zum Ziel? 5
Wenn die Tore der Wahrnehmung gereinigt würden, erschiene dem Menschen alles, wie es ist: unendlich.

Watts, Alan W. (* 1915; † 1973) Großbritannien, Wie kommen wir zum Ziel? 6
Wir müssen die Augen des Geistes nur weit genug öffnen, und die Wahrheit kommt unweigerlich zum Vorschein.

Platon (* 427; † 348 v.u.Z.) Griechenland, Wie kommen wir zum Ziel? 7
Du kannst nur lernen, dass du das, was du suchst, schon selber bist.

Osho (* 1931; † 1990) Indien, Wie kommen wir zum Ziel? 8
Zwischen zwei Gedanken, versuche wachsam zu sein. Schau in die Lücke, den Raum dazwischen. Da ist deine wahre Natur.

Lauterbach, Ute (* 1955) Deutschland, Wie kommen wir zum Ziel? 9
Sich auf das konzentrieren, was im Kopf ist, wenn nichts drin ist! Also auf die Leere, auf dieses Nichts: Das Bewusstsein wendet sich sich selbst zu.

Leopardi, Giacomo (* 1798; † 1837) Italien, Wie kommen wir zum Ziel? 10
Sitzend kontempliere ich die völlige Stille jenseits von hier.
In diesem tiefen Frieden richte ich mein Denken zu Grunde.

Tolstoi, Leo (* 1828; † 1910) Russland, Wie kommen wir zum Ziel? 11
Allein im Bereich des Bewusstseins ist der Mensch frei, Bewusstsein wiederum ist nur im jeweils gegenwärtigen Augenblick möglich.

Chuang-Tzu (* 369; † 286 v.u.Z.) China, Wie kommen wir zum Ziel? 12
Der höchste Mensch gebraucht sein Herz wie einen Spiegel. Er geht den Dingen nicht nach und geht ihnen nicht entgegen; er spiegelt sie wider, aber hält sie nicht fest.

Meister Jôshû Jûshin (* 788; † 897) Japan, Wie kommen wir zum Ziel? 13
Jemand fragte: „Den Weg nicht misszuverstehen – wie ist das?"
Jôshû antwortete: „Verstehe deinen Geist. Schau in deine wahre Natur. Das bedeutet, den Weg nicht misszuverstehen."

St. Jean de la Croix (* 1542; † 1591) Spanien, Wie kommen wir zum Ziel? 14
Um zum All zu kommen, musst du das All aufgeben.

Wilber, Ken (* 1949) USA, Wie kommen wir zum Ziel? 15
Der Weg zur letzten Wirklichkeit ist nicht äußerlich, sondern innerlich. Bei der Vernunft ansetzend, lasse ich mich in die Vernunft hinein und stoße auf die Unmittelbarkeit, die ganz an ihrem Grund liegt.

Dōgen, Eihei (* 1200; † 1253) Japan, Wie kommen wir zum Ziel? 16
Wenn wir lernen, mit dem Herzen zu hören, dann vernehmen wir die Stille und die Buddha-Natur in uns.

Miller, Henry (* 1891; † 1980) USA, Wie kommen wir zum Ziel? 17
Der Sinn des Lebens ist zu leben und zu leben bedeutet, bewusst zu sein, heiter, trunken, gelassen, göttlich bewusst.

Schelling, Friedrich (* 1775; † 1854) Deutschland, Wie kommen wir zum Ziel? 18
Erkenne, was du bist, und sei, als was du dich erkannt hast, dies ist die höchste Regel der Weisheit.

Wilber, Ken (* 1949) USA, Wie kommen wir zum Ziel? 19
Lasse unmittelbar in diesen Geist los, der das Äußere beobachtet oder im Inneren sucht, und das ist es.

Hier erlebst du die audio-visuelle Darstellung der Erkenntnissätze:
www.instantlumen.de

Das Coaching, die Reise zum ziellosen Ziel

Und jetzt geht es los mit Selbsterkundungsimpulsen, Übungen und anderen Feinheiten, damit wir gut navigieren.
Wenn du schreibend oder sprechend verbindlicher mit dir bist, lohnt es sich, deine Antworten aufzuschreiben oder mithilfe von Sprachmemos zu verwurzeln. Der graue Balken zeigt dir, wo deine Antworten gefragt sind.

ALS ERSTES: Selbsterkundung = die Spreu vom Weizen trennen

Es gibt so viele verschiedene Arten von Zielen: Arbeitsziele, Traumziele, Sehnsuchtsziele, Tagesziele, Lebensziele, Lernziele, Beziehungsziele, Begeisterungsziele. Wenn die Etappenziele nicht zum großen, eigentlichen Sinnziel des Lebens passen, kannst du sie getrost in die Spreu-Tonne knallen, indem du **einerseits** überlegst oder aufschreibst, was Scheinziele sind, die dir keine wirkliche Erfüllung schenken

und **andererseits** aufschreibst, welche Ziele – seien sie sogenannt klein oder groß, dich der Sinnerfüllung deines Lebens näher bringen.

FRAGE 1: Welcher Art ist deine Spreu?
Zum Beispiel: Ehrgeizziele, Top-of-the-World-Ziele, Wettbewerbsziele, Zeitvertreib-Ziele, Schönheitsziele, Erleuchtungsziele, Ewig-jung-Ziele oder, oder ...

FRAGE 2: Was steckt hinter deinen Spreu-Zielen?
Zum Beispiel: Minderwertigkeitsgefühle, Profilierungsdrang, dich beweisen und bewähren müssen, weil dir Anerkennung versagt wurde, weil dir Geschwister vorgezogen wurden oder, oder ...

HAUPTFRAGE bitte spontan beantworten:
Wie hoch darf der Preis sein, den du für das Erreichen deiner Ziele zu zahlen bereit bist?

ALS ZWEITES: in die Spur kommen

Vergegenwärtige dir genau, wie es sich anfühlt, wenn du dich für falsche, unbefriedigende Ziele abrackerst. Oder dich beim Verfolgen der Spreu-Ziele langweilst, dich unterbietest oder überforderst. Und wie fühlt es sich an, wenn du Sinnziele verfolgst?

FRAGEN: Was sind gute Sinnziele für dich? Was willst du im Leben mehr als alles andere? Siehst du dich allein auf dem Weg? Wer könnte dich unterstützen? Welche „Ziele" möchtest du stornieren?

ÜBUNG 1: Schreibe deine Lebenserfüllungsrede, die am Tag x wahr gewesen sein soll. Und praktiziere in den nächsten drei Tagen Schritte zu deinem schönsten Sinnziel. Ziehe jeden Abend Sinnbilanz.

ÜBUNG 2: Experimentiere mit dem absoluten Innehalten. Mehrmals täglich kurz oder länger für drei Tage.

DAS MOTTO: Alles tun oder lassen, was zum freien Kopf beiträgt.

EINGEDENK des Satzes: Was dich begeistert, hat sich außerhalb jeder Zielerreichung bereits gelohnt.

FEEDBACK an dich und von dir selbst: Wie leicht fällt dir das Umsteigen auf Erste-Wahl-Ziele? Was müsstest du (er)lösen – falls überhaupt – um dich leichter von den Spreu-Zielen befreien zu können?

SPEZIELLE FRAGE: Wer hat die Verantwortung für dich?

ALS DRITTES: Absprung

DER GANZ GROSSE Weg zum Ziel ist weglos und ungezielt, während wir in unserem Alltag, der bedacht und abgewickelt wird, vorwiegend Handlungsziele und deshalb Handlungswege kennen. Das ganz große Ziel ohne Weg ist eine Art Haltungsrevolution. Und sowie uns die andere Haltung hat, handelt es sich aus der Leichtigkeit heraus oder aus dem anstrengungsfreien Geschehen oder der Begeisterung heraus oder aus dem ...
Was ist dein Renner?

KOAN: Welches Ziel wartet, wenn du alle Ziele erreicht hast?

SINNFRAGE: Wie sinnvoll wäre unser aller Leben, wenn wir unsere Zwecke am Sinn orientierten?

Sharing

Bei diesem Erkenntnis-Abenteuer geht es um nichts weniger als die Verwirklichung des menschlich und „übermenschlich" Besten und Höchsten. Bei der gipfeligen Einkehr ins Bewusstsein selbst lassen wir unsere eintrainierte Persönlichkeit hinter uns und streifen unsere Standardeinstellungen ab. Deshalb ist dieser Zustand aller individuellen Merkmale entkleidet. Das bedeutet außerdem, dass alle Menschen in dieser Erfahrung gleich oder je nach Tiefe/Höhe ähnlich erleben. Darüber sich auszutauschen ist ein Verbundenheitsfest. Das kannst du hier auf „www.instantlumen.de/sharing" feiern, indem du beschreibst, wie es sich für dich *anfühlt*, **im weglosen Ziel zu sein**. Beschreibe nur dein Erleben. Lass alle Deutungen, Geschichten und Vergegenständlichungen weg.

KOMM REIN!

Jetzt wird es richtig schön. Verliere dich im Schönen.

Wir betreten die 8. Lichtung:

Kunst als Vollzug der Einkehr ins Äußerste

Einige Fragen als Richtungs- und Ideengeber:

- Was ist Kunst?
- Was macht Kunst zur Kunst?
- Was hat die Kunst mit der Einkehr ins Bewusstsein zu tun?
- Sollten wir am besten alle Künstler werden?
- Was ist Lebenskunst ganz genau?
- Kunst, Schönheit, Wahrheit – gibt es einen Zusammenhang?

Blitzeinstieg in diese Lichtung

Große Kunst schenkt uns das Eintauchen ins Äußerste. Und die Einkehr ins Bewusstsein setzt uns derart im Sein ab, dass wir dabei untergehen, um im Wesentlichen aufzugehen. „Dort", also hier im Sinne von nirgendwo und überall sind wir im Quellgrund der Kunst. Inspirierte erleben zweierlei: Erstens, dass jede Inspiration von „woanders" her geschieht. Zweitens, dass sie im Kunstschaffen dem Alltagsbewusstsein entrückt sind. Sowie sich der Klammergriff unserer Identität löst und einen Spalt für die Inspiration freigibt, kann Kunst geschehen. Jede große Inspiration ist ein Gruß vom **INSTANT LUMEN**. In der großen Kunst erleben wir den Widerschein des Seins. Deshalb verstehen Dichter und Künstler sich oft als Vermittler. Goethe sagt es so: „Die Kunst ist eine Vermittlerin des Unaussprechlichen." Andere sagen oder vollziehen es ähnlich.

Das Herzstück

Die Erkenntnis-Zitate aus der Weltliteratur

Cheng, François (* 1929) China, Kunst 1
Ein großes Werk ... ist ... die Darstellung des Unendlichen im Endlichen, der einzige Ort, an dem sich die Widersprüche beruhigen und lösen.

Domin, Hilde (* 1909; † 2006) Deutschland, Kunst 2
Ein Gedicht ist die Spitze des Ungesagten, die gerade noch ins Sagbare reicht.

Kaléko, Mascha (* 1907; † 1975), Polen, Kunst 3
Mein schönstes Gedicht?
Ich schrieb es nicht.
Aus tiefsten Tiefen stieg es.
Ich schwieg es.

Verdier, Fabienne (* 1962) Frankreich, Kunst 4
Der Akt des Malens muss ein Tun des Nichttuns sein, ein natürliches Tun ohne Absicht, das nicht dem Ich zugewendet ist. Durch das Selbstvergessen erlangt man eine Verschmelzung mit dem Himmel, dem Ganzen. Hör auf zu denken, zu wollen, zu berechnen.

Fromentin, Eugène (* 1820; † 1876) Frankreich, Kunst 5
Malen ist die Kunst, das Unsichtbare mit den Mitteln des Sichtbaren auszudrücken.

Heidegger, Martin (* 1889; † 1976) Deutschland, Kunst 6
Die Kunst ist das Ins-Werk-Setzen der Wahrheit.

Friedrich Schelling (* 1775; † 1854) Deutschland, Kunst 7
Der Grundcharakter des Kunstwerks ist eine bewusstlose Unendlichkeit. Sie ist die Vollendung des Wissens und der Philosophie. Sie bringt den ganzen Menschen, wie er ist, zur Erkenntnis des Höchsten. Ihr Ziel ist die Vernichtung des Stoffs durch die Vollendung der Form.

Michelangelo (* 1475; † 1564) Italien, Kunst 8
Die Kunst gehört keinem Lande an, sie stammt vom Himmel.

Lauterbach, Ute (* 1955) Deutschland, Kunst 9
Die Farbe der Luft ist ihre Durchsichtigkeit, die Farbe des Bewusstseins ist seine inhaltslose Weite.

Juan Ramón Jiménez (* 1881; † 1958) Spanien, Kunst 10
... Welch ein Schauen, welch völliges Gewahren,
blickend von allem her, auf alles,
und voller Ruhe!

Verheyen, Jef (* 1934; † 1984) Belgien, Kunst 11
Das Wesentliche ... sich isolieren ... seine Sinne den Kräften der Materie entreißen. Völlig in den übernatürlichen Vibrationen aufgehen. ... Von seiner Farbe verrückt werden. ... In die Unendlichkeit stürzen, darin fliegen.

Bashō, Matsuo (* 1644; † 1694) Japan, Kunst 12
Ein Blitz,
- hinein in die Düsternis,
der Schrei eines Reihers.

Yang Wan-Li (* 1127; † 1206) China, Kunst 13
Auch wenn Worte und Bedeutungen wegfallen:
Die Poesie bleibt.

Celan, Paul (* 1920; † 1970) Ukraine, Kunst 14
DAS STUNDENGLAS, tief
im Päonienschatten vergraben:

Wenn das Denken die Pfingst-
schneise herabkommt, endlich,
fällt ihm das Reich zu,
wo du versandend verhoffst.

Picasso, Pablo (* 1881; † 1973) Spanien, Kunst 15
Kunst wäscht den Staub des Alltags von der Seele.

Lieh-Tzu (um 450 v.u.Z.) China, Kunst 16
Ich folge dem Wind nach Osten und Westen wie ein Baumblatt oder trockene Spreu, und wirklich weiß ich nicht, ob der Wind mich trieb oder ich den Wind.

Rilke, Rainer Maria (* 1875; † 1926) Österreich-Ungarn, Kunst 17
Ich liebe meines Wesens Dunkelstunden ...
Aus ihnen kommt mir Wissen, dass ich Raum
zu einem zweiten zeitlos breiten Leben habe.

Sengai (* 1750; † 1837) Japan, Kunst 18
In jedem meiner Pinselstriche ist das Überfließen meines innersten Herzens.

Camus, Albert (* 1913; † 1960) Frankreich, Kunst 19
Das Leben eines Menschen ist ein einziger Versuch, über die Umwege der Kunst wieder die wenigen Minuten wach werden zu lassen, in denen sich sein Herz zum ersten Mal öffnete.

Merleau-Ponty, Maurice (* 1908; † 1961) Frankreich, Kunst 20
Wenn Cézanne die räumliche Tiefe sucht, so ist es jenes Aufblitzen des Seins, das sucht ...

Hier erlebst du die audio-visuelle Darstellung der Erkenntnissätze:
www.instantlumen.de

Das Coaching, die Reise zur künstlerischen Einkehr

Und jetzt geht es los mit Selbsterkundungsimpulsen, Übungen und anderen Feinheiten, damit wir gut navigieren.
Wenn du schreibend oder sprechend verbindlicher mit dir bist, lohnt es sich, deine Antworten aufzuschreiben oder mithilfe von Sprachmemos zu verwurzeln. Der graue Balken zeigt dir, wo deine Antworten gefragt sind.

ALS ERSTES: Selbsterkundung = die Spreu vom Weizen trennen

Über Geschmack lässt sich angeblich nicht streiten. Ist jetzt der Porzellankranich auf deinem Sims Kunst oder nicht? Ist er schön oder nicht? Um gut auf diese Lichtung zu gelangen, brauchen wir ein Objektivierungskriterium für das Schöne, das für alle gilt, ohne das subjektive Empfinden außen vor zu lassen. Hier ist es: Alles, was deine Seele hebt, dir den Atem stocken lässt, weil es dich so ergreift oder berührt – das ist für dich schön. Wenn du dich im Schönen verlierst, kommst du an. Jetzt kannst du die Spreu vom Weizen trennen, indem du **einerseits** überlegst oder aufschreibst, welche Dinge sich in deinem Umfeld befinden, obwohl sie dich eigentlich nicht sonderlich ansprechen

und dir **andererseits** klar machst, was deine Seele hebt. Welche Musik, welche Literatur, welche T-Shirts, welche Körperhaltung usw. ...

FRAGE 1: Welcher Art ist deine Spreu?
Zum Beispiel: Erbgut, Sperrmüll-Funde, „Geschenke", Fehlkäufe oder, oder ...

FRAGE 2: Was steckt hinter der Tatsache, dass diese Spreu noch in deinem Leben ist, falls sie es noch ist?
Zum Beispiel: Einstellungen wie Geschenke entsorgt man nicht oder der Porzellankranich war Tantchens größte Freude oder der silberne Stuckhobel war sehr teuer oder, oder ...

HAUPTFRAGE bitte spontan beantworten:
Willst du im Schönen aufgehen? Warum?

ALS ZWEITES: in die Spur kommen

Vergegenwärtige dir genau, wie es sich anfühlt, wenn du dich im Schönen verlierst.

FRAGEN: Willst du alles aufheben, was du hast? Wie fühlst du dich im ziemlich leeren Raum? Gibt es Schönes, aus dem du „rausgewachsen" bist? Was öffnet deine Sinne? Was schließt sie? Welcher Kunstgenuss spricht dich besonders an?

ÜBUNG 1: Schreibe auf, was dich sinnlich erhebt und wie du noch mehr Schönes genießen kannst. Praktiziere Sinnenfreuden in den nächsten drei Tagen.

ÜBUNG 2: Übe dich drei Tage lang in der Lebenskunst, indem du diese Tage ganz bewusst gestaltest – als seien es kostbare Kunstwerke.

DAS MOTTO: Anmutig leben!

EINGEDENK des Satzes: Wer das Schöne verehrt, spürt die Wahrheit.

FEEDBACK an dich und von dir selbst: Was macht es dir leicht, was schwer, dich an das Schöne hinzugeben?

SPEZIELLE FRAGE: Bist du schön?

ALS DRITTES: Absprung

GANZ GROSSE Kunst als Vollzug der Einkehr ins Äußerste befreit vom Alltag, sie verbindet uns mit dem Schönsten, sie führt zum Ursprung, sie ...
Was ist dein Renner?

KOAN: Wie leert sich das Nichts?

SINNFRAGE: Wie sinnvoll wäre unser aller Leben, wenn die Lebenskunst das wichtigste Schulfach wäre?

Sharing

Bei diesem Erkenntnis-Abenteuer geht es um nichts weniger als die Verwirklichung des menschlich und „übermenschlich“ Besten und Höchsten. Bei der gipfeligen Einkehr ins Bewusstsein selbst lassen wir unsere eintrainierte Persönlichkeit hinter uns und streifen unsere Standardeinstellungen ab. Deshalb ist dieser Zustand aller individuellen Merkmale entkleidet. Das bedeutet außerdem, dass alle Menschen in dieser Erfahrung gleich oder je nach Tiefe/Höhe ähnlich erleben. Darüber sich auszutauschen ist ein Verbundenheitsfest. Das kannst du hier auf „www.instantlumen.de/sharing“ feiern, indem du beschreibst, wie es sich für dich *anfühlt*, **durch das Erleben von Kunst die Einkehr ins Äußerste zu vollziehen**. Beschreibe nur dein Erleben. Lass alle Deutungen, Geschichten und Vergegenständlichungen weg.

KOMM REIN!

Jetzt am besten nicht zurückschauen beim Durchstarten.

Wir betreten die 9. Lichtung:

Ich weg

Einige Fragen als Richtungs- und Ideengeber:

- Was ist das Ich überhaupt?
- Ist es erstrebenswert, sein Ich loszuwerden?
- Wann ist es pathologisch, wann nicht?
- Hat das Thema mit Selbstlosigkeit zu tun?
- Um es paradox zu formulieren: Bin ich noch da, wenn ich weg bin? Und wo bin ich dann?

Blitzeinstieg in diese Lichtung

Wenn das Ich weg ist, dann hast du wirklich Urlaub von dir selbst. Wer sich verliert, gewinnt alles – jedenfalls, wenn diese Auflösung Richtung Fullinger, also auf dem Weg zum freien Kopf geschieht.

Wer nicht mehr ausschließlich mit sich identifiziert ist, erweitert sein Spektrum. Das geht graduell. Stufen der Weitung sind: zum Beispiel auch mit der Familie identifiziert zu sein – wird sehr gern genommen – und mit Freunden identifiziert sein und mit Schatzi sowieso oder mit dem eigenen Auto, dem eigenen Land, der Fußballweltmeisterschaft usw. Als vorletzte Stufe: mit allen Menschen auf der ganzen Welt identifiziert sein. Und als letzte Stufe: mit dem Sein, dem Universum schlechthin identifiziert sein! Ja, ich weiß, das ist ein Widerspruch in sich, denn Identifikation bedeutet Teilhabe am Ausschnitt. Im letzten Schritt transzendieren wir aber jedweden Ausschnitt, um im nahtlosen Universum aufzugehen. Entscheidend ist die Richtung: Die Egozentrik nimmt immer mehr ab, bis sie sich im Ganzen auflöst und damit verschwindet. Der eigene Untergang ist wie Sterben. Deshalb scheuen wir ihn wie die Pest und halten massiv an uns fest. Es geht eigentlich „nur" um einen kleinen Dreh: Vom Teil zum Ganzen, vom Ich zum Nicht-Ich, vom Endlichen zum Unendlichen, vom Bastelglück zur Glückseligkeit, von der Hirnerei zum **INSTANT LUMEN**.

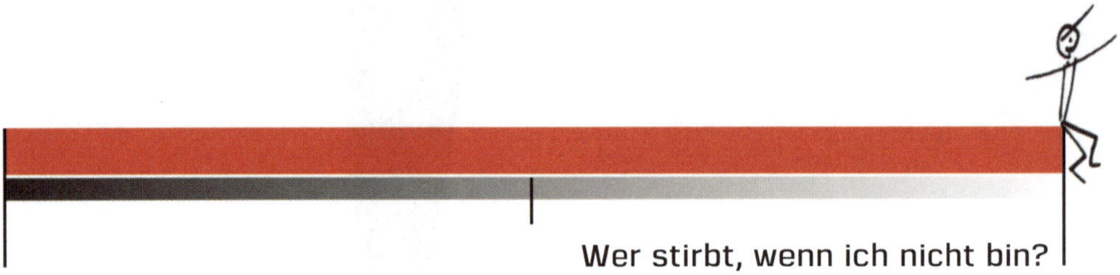

Und weil der Untergang des kleinen Ichs zum Aufgang des großen Selbstes gehört, wird er in der Weltliteratur überall formuliert. Und das Verschweben des Ichs ist Teil des philosophischen Durchstartens, um das es uns hier geht.

Das Herzstück

Die Erkenntnis-Zitate aus der Weltliteratur

van de Wetering, Janwillem (* 1931; † 2008) Niederlande, Ich weg 1
Das Ich ist die Maske, die herunter muss, um reines Sein hervortreten zu lassen.

Leuba, James Henry (* 1867; † 1946) USA, Ich weg 2
Wenn das Gefühl der Entfremdung, das die Menschen in ein eng begrenztes Ego einsperrt, zusammenbricht, erlebt sich der einzelne als „eins mit der gesamten Schöpfung".

Pessoa, Fernando (* 1888; † 1935) Portugal, Ich weg 3
Was stirbt in mir, wenn ich bin?

Safranski, Rüdiger (* 1945) Deutschland, Ich weg 4
Wenn jeder Selbstbezug, jedes Empfinden dafür, dass ‚ich' es bin, der die Empfindung ‚hat', wenn dies alles verschwunden ist – dann erst ist der Höhepunkt der großen Kommunion, der Augenblick der wahren Empfindung erreicht.

Goethe, Johann Wolfgang von (* 1749; † 1832) Deutschland, Ich weg 5
Im Grenzenlosen sich zu finden,
Wird gern der einzelne verschwinden,
Da löst sich aller Überdruss;
Statt heißem Wünschen, wildem Wollen,
Statt läst'gem Fordern, strengem Sollen
Sich aufzugeben ist Genuss.

Eliot, T. S. (* 1888; † 1965) USA, Ich weg 6
Der Zeitpunkt des Todes ist jeder Augenblick.

Kierkegaard, Søren (* 1813; † 1855) Dänemark, Ich weg 7
Kein Wunder, dass der Mensch entsetzt ist, denn zwischen Mensch und Wahrheit liegt Ertötung.

Pessoa, Fernando (* 1888; † 1935) Portugal, Ich weg 8
Derjenige, der dazu gelangt, nicht zu sein, der wird.

Rilke, Rainer Maria (* 1875; † 1926) Österreich-Ungarn, Ich weg 9
Immer öfter geschieht es mir, dass ich nicht sagen kann: ich bin ... sondern, dass ich sagen muss: es ist.

Osho (* 1931; † 1990) Indien, Ich weg 10
Du verschwindest ganz einfach im universellen Bewusstsein.

Cadenas, Rafael (* 1930) Venezuela, Ich weg 11
ICH WEISS
wenn ich es nicht dazu bringe niemand zu werden
habe ich mein Leben vertan.

Roberts, Bernadette (* 1931; † 2017) USA, Ich weg 12
Aber als ich an jenem Tag nach Hause kam, bergabwärts spazierend mit einem Panorama von Tälern und Hügeln vor mir, wandte ich meinen Blick nach innen. Was ich sah, ließ mich innehalten. Anstelle des gewöhnlichen, unbestimmten Zentrums meiner selbst, war da nichts, es war leer. Und während ich dies sah, entstand eine Flut stiller Freude ...

Cioran, Emile Michel (* 1911; † 1995) Rumänien, Ich weg 13
Die Leere – das Selbst ohne das Selbst – ist die Liquidierung des Abenteuers des „Ich“, es ist das Sein ohne jede Spur von Sein, ein seliges Untergehen, eine unvergleichliche Katastrophe.

Padmasambhava (8. bis 9. Jh.) Indien, Ich weg 14
Wenn der Suchende selbst, wenn man ihn sucht, nicht zu finden ist, ist das Ziel des Suchens erreicht, ebenso das Ende der Suche.

Lenz, Frederick alias Rama (* 1950; † 1998) USA, Ich weg 15
Der Mensch, der all diese Dinge getan hat, ist weggegangen, spurlos verschwunden in der Ekstase der Existenz.

Lord Tennyson, Alfred (* 1809; † 1892) Großbritannien, Ich weg 16
Plötzlich dann, wie aus der Intensität dieses Individualitätsbewusstseins heraus, schien diese Individualität sich aufzulösen und im grenzenlosen Sein aufzugehen. Und das ist kein Zustand der Verwirrung, sondern der denkbar klarste. ...

Tolstoi, Leo (* 1828; † 1910) Russland, Ich weg 17
Der Sinn des Lebens beruht doch darin, dass man das Bewusstsein eines persönlichen Lebens eintauscht gegen das Bewusstsein Gottes.

Stannus Gray, Terence James (* 1895; † 1986) Großbritannien, Ich weg 18
Ausschauen nach mir, Ausschauen nach dem Ausschauen ist das Finden meines Nichtvorhandenseins.

van de Wetering, Janwillem (* 1931; † 2008) Niederlande, Ich weg 19
Begreifst du immer noch nicht? Dass alles leer ist? Dass es nichts mit sich herumzutragen gibt? Dass wir nur unser Nicht-Ich genießen müssen?

Jaspers, Karl (* 1883; † 1969) Deutschland, Ich weg 20
Seit Jahrtausenden haben Philosophen in China, Indien und dem Abendlande etwas ausgesprochen, was überall und durch alle Zeiten gleich, wenn auch in der Mitteilungsweise mannigfach ist:
Der Mensch vermag die Subjekt-Objekt-Spaltung zu überschreiten zu einem völligen Einswerden von Subjekt und Objekt, unter Verschwinden aller Gegenständlichkeit und unter Erlöschen des Ich. Da öffnet sich das eigentliche Sein und hinterlässt beim Erwachen ein Bewusstsein tiefster, unausschöpfbarer Bedeutung.

Hier erlebst du die audio-visuelle Darstellung der Erkenntnissätze:
www.instantlumen.de

Das Coaching: durchstarten zum Niemand-Sein

Und jetzt geht es los mit Selbsterkundungsimpulsen, Übungen und anderen Feinheiten, damit wir gut navigieren.
Wenn du schreibend oder sprechend verbindlicher mit dir bist, lohnt es sich, deine Antworten aufzuschreiben oder mithilfe von Sprachmemos zu verwurzeln. Der graue Balken zeigt dir, wo deine Antworten gefragt sind.

ALS ERSTES: Selbsterkundung = die Spreu vom Weizen trennen

Die Frage ist: Kommen wir uns gut oder ungut abhanden. Der Unterschied ist leicht auszumachen: Wenn du dir gut abhanden kommst, erlebst du mehr innere Fülle. Im anderen Fall stellt sich eher eine Art Dürre oder eine schwächende Leere ein. Anders formuliert: Die Spreu ist immer unter 50 auf der Bewusstseinsskala und der Weizen immer über 50 erfahrbar. Deshalb kannst du jetzt leicht die Spreu vom Weizen trennen, indem du **einerseits** überlegst oder aufschreibst, in welchen Situationen du dir ungut abhanden kommst

und **andererseits** in welchen Situationen gut? Zum Beispiel wenn du dich wegwirfst vor Lachen, dich im Schönen oder im bedingungslosen Lieben verlierst oder in der Ekstase usw.

FRAGE 1: Welcher Art ist deine Spreu?
Zum Beispiel: Zu viel Einsatz für andere, zu wenig Fürsorge für dich selbst, zu viele Verstrickungen und Anhaftungen oder, oder ...

FRAGE 2: Was steckt hinter diesem unguten Ich-weg-Dünger? Zum Beispiel Schuldgefühle, Angst, nicht geliebt zu werden, moralische Zwänge, zu strenge Erziehung, falsche (= lebensfremde) Werte, Kompensation einer eigenen Ich-Schwäche oder, oder ...

HAUPTFRAGE bitte spontan beantworten:
Willst du dein Ich oder dein Ego schützen und pflegen?

ALS ZWEITES: in die Spur kommen

Vergegenwärtige dir genau, wie es sich anfühlt, wenn du dir gut und wie, wenn du dir ungut abhanden kommst.

FRAGEN: Wie kannst du dein Ich stärken? Woran erkennst du, dass dein Ich jubelt und nicht dein Ego flattert?

ÜBUNG 1: Schreibe auf, was die Mühe nicht lohnt und gib die entsprechenden Gedanken und Handlungen in den nächsten drei Tagen frei. Setze deinen Seelenfrieden und freien Kopf an die erste Stelle. Und zwar ganz konsequent für drei Tage!

ÜBUNG 2: Übe in jeder kritischen Situation bei dir zu bleiben. Benutze als Refrain „Es hat keine Bedeutung …" Lach dich tot so oft du nur kannst. Sieh das Komische und Absurde, umgib dich mit Menschen, mit denen du gut lachen kannst.

DAS MOTTO: Je stärker mein Ich, desto besser für mich und andere.

EINGEDENK des Satzes von Jack Engler: „Man muss jemand sein, bevor man Niemand sein kann."

FEEDBACK an dich und von dir selbst: Wie leicht fällt es dir, dich loszulassen, dich nicht ernster zu nehmen als dir guttut und dich zu verschenken?

SPEZIELLE FRAGE: Kannst du bewusst und entspannt unrecht behalten?

ALS DRITTES: Absprung

DAS GANZ GROSSE Aufgeben des Ichs scheint dem Selbsterhaltungsdrang zuwiderzulaufen. Selbsterhaltung und Selbsterfüllung reichen sich die Hand, wenn die Selbsterhaltung ausschließlich der Selbsterfüllung dient. Ja! Entweder oder: Selbsterhaltung um ihrer selbst willen ist nur nicht sterben. Deshalb ist jedes Zuviel und jedes Zuwenig abträglich. Die Mitte liegt im individuell richtigen Maß. Welches ist das für dich und in welcher Hinsicht?

KOAN: Was gewinnst du, wenn du verlierst?

SINNFRAGE: Wie sinnvoll wäre unser aller Leben, wenn jeder nur hätte, was für eine optimale Selbsterfüllung nötig ist?

Sharing

Bei diesem Erkenntnis-Abenteuer geht es um nichts weniger als die Verwirklichung des menschlich und „übermenschlich" Besten und Höchsten. Bei der gipfeligen Einkehr ins Bewusstsein selbst lassen wir unsere eintrainierte Persönlichkeit hinter uns und streifen unsere Standardeinstellungen ab. Deshalb ist dieser Zustand aller individuellen Merkmale entkleidet. Das bedeutet außerdem, dass alle Menschen in dieser Erfahrung gleich oder je nach Tiefe/Höhe ähnlich erleben. Darüber sich auszutauschen ist ein Verbundenheitsfest. Das kannst du hier auf „www.instantlumen.de/sharing" feiern, indem du beschreibst, wie es sich für dich *anfühlt*, **in der Ich-weg-Selbsterfüllungs-Glückseligkeit zu sein**. Beschreibe nur dein Erleben. Lass alle Deutungen, Geschichten und Vergegenständlichungen weg.

KOMM REIN!

Philosophisch durch die Grenzen durchstarten ... Das verspricht eine ganz andere Art der Muskelbildung.

Wir betreten die 10. Lichtung:

Grenzerfahrung

Einige Fragen als Richtungs- und Ideengeber:

- Was genau ist eine Grenzerfahrung?
- Gibt es verschiedene Kaliber an Grenzerfahrungen?
- Was ist der Unterschied zwischen der Grenzsituation, von der die Philosophie spricht und der Grenzerfahrung, um die es hier geht?
- Gibt es Kriterien, die allen Grenzerfahrungen gemeinsam sind?

Blitzeinstieg in diese Lichtung

Das ganze Unternehmen hier, ist eine reine **Grenzerfahrung**. Die Einkehr ins Bewusstsein ist die Grenzerfahrung par excellence. Die Sehnsucht treibt uns über die schnöde Alltäglichkeit hinaus. Sowie wir vom symbolischen ins intime Erkennen gelangen, geschieht ein grenzsprengender Sprung: vom Gewöhnlichen zum Außergewöhnlichen. Im reinen Erkennen erfahren wir, dass die durch Identifikation und Anhaftung gefestigte Grenze irreal ist. Das ermutigt mit der Zeit immer mehr, das Ich abzuspecken, die Übungen des passiven Vollzugs zu verfeinern – bis wir endgültig kapieren, dass diese Grenze das Wahre, Gute und Schöne aussperrt. Wer sich selbst loslässt, lässt diese Grenze fallen und findet sich wieder in der grenzenlosen Weite des Bewusstseins. Von dieser Grenzsprengung zeugt Rilkes Aussage, dass sich nur der neu machte, der sich vorher zerschlüge. Entweder oder!

Die Sollbruchstellen in unserem geistig-seelischen Klima werden in der Philosophie als „Grenzsituationen“ bezeichnet. Die gewaltigsten Grenzsituationen sind wohl das volle Realisieren des Todes wie das völlige Vergehen im Lieben. Beide machen Schluss mit dem gewohnten Ich. Alle anderen ebenfalls.

Von der grundsätzlichen Fruchtbarkeit der Grenzsituationen handeln die folgenden Sätze namhafter Denker.

Das Herzstück

Die Erkenntnis-Zitate aus der Weltliteratur

Hebbel, Christian Friedrich (* 1813; † 1863) Deutschland, Grenzerfahrung 1
Wo alle Grenzen sich durchschneiden,
alle Widersprüche sich berühren,
da ist der Punkt, wo das Leben entspringt.

Lama Anagarika Govinda (* 1898; † 1985) Deutschland, Grenzerfahrung 2
Alles Sichtbare grenzt ans Unsichtbare,
alles Hörbare ans Unhörbare,
alles Fassbare ans Unfassbare
und vielleicht
alles Denkbare ans Undenkbare.

Karl Jaspers (* 1883; † 1969) Deutschland, Grenzerfahrung 3
Existenz ist das Zusichkommen des Selbst in der Zeit als ein Gegenwärtigwerden von Ewigem.

Musil, Robert (* 1880; † 1942) Österreich, Grenzerfahrung 4
die Wahrheit ist eben kein kristall, den man in die tasche stecken kann, sondern eine unendliche flüssigkeit, in die man hineinfällt.

Murdoch, Iris (* 1919; † 1999) Großbritannien, Grenzerfahrung 5
Thomas zu Stuart: Ich mochte dein Bild vom Fallen in die Hände Gottes – oh, ich weiß, du meintest nicht *ihn* – aber es ist ein tiefer Ort, ein Ozean atmend, sich hebend und senkend und sich selbst gebärend, schmelzend und schäumend in sich und in sich hinein, sich selbst durchdringend, Licht in Licht und Licht ins Licht hinein, innerlich anschwellend, sich selbst überschwemmend, jeder Teil den Rest durchdringend bis er herausläuft und überkocht.

Suzuki, Daisetz Teitaro (* 1870; † 1966) Japan, Grenzerfahrung 6
Das Individuum wird vollkommen, sowie es seine Individualität an das All verliert, zu dem es gehört.

Schweitzer, Albert (* 1875; † 1965) Frankreich, Grenzerfahrung 7
Mystik liegt überall da vor, wo ein Menschenwesen die Trennung zwischen irdisch und überirdisch, zeitlich und ewig als überwunden ansieht und sich selber, noch in dem irdischen und zeitlichen stehend, als zum Überirdischen und Ewigen eingegangen erlebt.

Rilke, Rainer Maria (* 1875; † 1926) Österreich-Ungarn, Grenzerfahrung 8
Wir stehn und stemmen uns an unsre Grenzen
und reißen ein Unkenntliches herein, ...

Novalis (* 1772; † 1802) Deutschland, Grenzerfahrung 9
Das Sterbliche dröhnt in seinen Grundfesten, aber das Unsterbliche fängt heller zu leuchten an und erkennt sich selbst.

Karl Jaspers (* 1883; † 1969) Deutschland, Grenzerfahrung 10
Existenz ist Seinkönnen des Entschlusses im Sichgeschenktwerden, nicht aus dem Nichts, sondern vor der Transzendenz.

Domin, Hilde (* 1909; † 2006) Deutschland, Grenzerfahrung 11
Ich setzte den Fuß in die Luft,
und sie trug

Starbuck, Edwin Diller (* 1866; † 1947) Großbritannien, Grenzerfahrung 12
Die menschlichen Grenzsituationen sind die Gelegenheiten Gottes.

Nietzsche, Friedrich (* 1844; † 1900) Deutschland, Grenzerfahrung 13
Was groß ist am Menschen, das ist, dass er eine Brücke und kein Zweck ist: was geliebt werden kann am Menschen, das ist, dass er ein *Übergang* und ein *Untergang* ist.

Schmitt, Eric-Emmanuel (* 1960) Frankreich, Grenzerfahrung 14
Ich bin nicht mehr ich, sondern eines dieser Atome, die sich um die Leere herum drehen, die alles ist.

Hier erlebst du die audio-visuelle Darstellung der Erkenntnissätze:
www.instantlumen.de

Das Coaching: die Reise zum Anschlag

Und jetzt geht es los mit Selbsterkundungsimpulsen, Übungen und anderen Feinheiten, damit wir gut navigieren.
Wenn du schreibend oder sprechend verbindlicher mit dir bist, lohnt es sich, deine Antworten aufzuschreiben oder mithilfe von Sprachmemos zu verwurzeln. Der graue Balken zeigt dir, wo deine Antworten gefragt sind.

ALS ERSTES: Selbsterkundung = die Spreu vom Weizen trennen

Eine Grenzerfahrung kann dich ungut anfallen oder dich beseligend überwältigen. Sie bringt dich an den Rand des Erträglichen oder trägt dich wundersam über das sogenannte „normale“ Erleben hinaus. Immer öffnet sich ein neuer Raum. Du kannst jetzt die Spreu vom Weizen trennen, indem du **einerseits** überlegst oder aufschreibst, welche erschreckenden, üblen und unheimlichen Grenzerfahrungen du kennst

und **andererseits** welche beseligenden und außergewöhnlich schönen Grenzerfahrungen du gemacht hast.

FRAGE 1: Welcher Art ist deine Spreu?
Zum Beispiel: Ausufernder Erfahrungsdrang über Drogenkonsum, Geschwindigkeitsrausch, gefährdender Extremsport oder, oder...

FRAGE 2: Was steckt hinter deinen grenzsprengenden Exzessen?
Zum Beispiel: Die Unerträglichkeit des Lebens, Langeweile, Neugier, Überdruss oder, oder ...

HAUPTFRAGE bitte spontan beantworten:
Zu welcher Grenzsprengung ruft dich deine tiefste Sehnsucht auf?

ALS ZWEITES: in die Spur kommen

Vergegenwärtige dir genau, wie es sich anfühlt, wenn du konstruktiv Grenzen sprengst.

FRAGEN: Welche konstruktive Mutprobe möchtest du bestehen? Und in welcher Angelegenheit? Was möchtest du an Neuem ausprobieren? Irgendetwas womit du wirklich deine persönlichen Grenzen sprengst.

ÜBUNG 1: Schreibe auf zu welchen Handlungskonsequenzen dich deine Antworten auf die obigen Fragen führen und praktiziere sie in den nächsten drei Tagen.

ÜBUNG 2: Bringe dich in eine Haltung, die der Erfüllung deiner tiefsten Sehnsucht entsprechen könnte. Probiere, was dir liegt. Zum Beispiel: ganz, ganz genau auf die Stille hören, dich zwischen zwei Gedanken fallen lassen oder wahrhaftige Liebeserklärungen machen oder, oder ...

DAS MOTTO: Lieber lässig scheitern als öde siegen.

EINGEDENK des Satzes: Wer am Ende ist, entdeckt Neuland.

> **FEEDBACK** an dich und von dir selbst: Wie leicht fällt es dir, Mut an allen Grenzen aufzubringen?

SPEZIELLE FRAGE: Was wählst du: einsickern oder ausufern?

ALS DRITTES: Absprung

> **DIE GANZ GROSSE Grenzerfahrung** hebt dich über dich hinaus – sei es durch das Aufgehen im Schönen, im Lieben, im restlosen Lachen oder in jedwedem restlosen Erleben.
> Was ist dein Renner?

KOAN: Wer warst du, wenn es dich erst im Grenzenlosen gibt?

SINNFRAGE: Wie sinnvoll wäre unser aller Leben, wenn wir Steigerung und Grenzsprengung bevorzugt in unserer Liebeskompetenz anstrebten?

Sharing

Bei diesem Erkenntnis-Abenteuer geht es um nichts weniger als die Verwirklichung des menschlich und „übermenschlich" Besten und Höchsten. Bei der gipfeligen Einkehr ins Bewusstsein selbst lassen wir unsere eintrainierte Persönlichkeit hinter uns und streifen unsere Standardeinstellungen ab. Deshalb ist dieser Zustand aller individuellen Merkmale entkleidet. Das bedeutet außerdem, dass alle Menschen in dieser Erfahrung gleich oder je nach Tiefe/Höhe ähnlich erleben. Darüber sich auszutauschen ist ein Verbundenheitsfest. Das kannst du hier auf „www.instantlumen.de/sharing" feiern, indem du beschreibst, wie es sich für dich *anfühlt*, **dich in beseligenden Grenzerfahrungen zu verlieren**. Beschreibe nur dein Erleben. Lass alle Deutungen, Geschichten und Vergegenständlichungen weg.

KOMM REIN!

Sind wir tot, wenn wir leben oder leben wir, wenn wir tot sind?

Wir betreten die Bonus-Lichtung:

Tod als Leben?

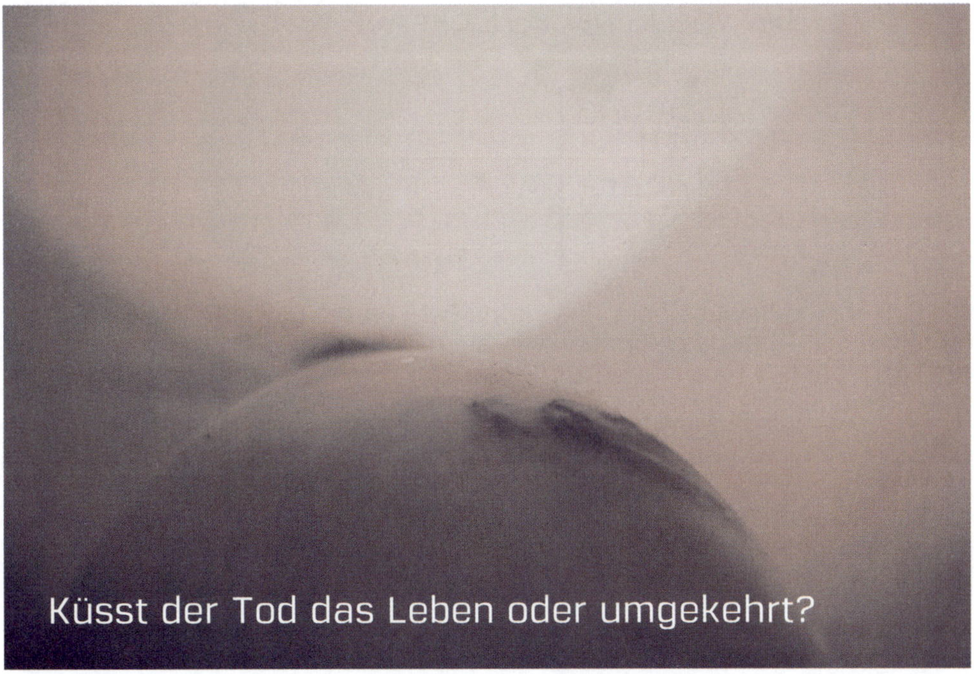

Einige Fragen als Richtungs- und Ideengeber:

- Gibt es überzeugende Unsterblichkeitsbeweise?
- Was ist bei intellektueller Redlichkeit das Fazit?
- Ist der Tod ein Ereignis im Leben?
- Glaubst du an ein Leben nach dem Tod?
- Wann bist du am lebendigsten zu Lebzeiten? Und wann am unlebendigsten? Inwiefern hat dein Geisteszustand mit dem Niveau deiner Lebendigkeit zu tun?
- Ist es rational haltbar, die unendlich vielen, in der Essenz immer gleichen Nahtoderfahrungen zu übergehen?

Blitzeinstieg in diese Lichtung

Es lassen sich zwei Spielarten von Nicht-mehr-da-Sein unterscheiden.

Nämlich erstens das Nicht-mehr-da-Sein im Leben – und zwar widerfährt es uns immer dann, wenn wir uns bei der Einkehr ins Bewusstsein aufgehend abhandenkommen. Und dann das Nicht-mehr-da-Sein, wenn wir im Tod untergehen. Meine entscheidende Frage ist:

WIRFT DAS NICHT-MEHR-DA-SEIN IN DER LICHTUNG
EIN VÖLLIG NEUES LICHT AUF DEN TOD?

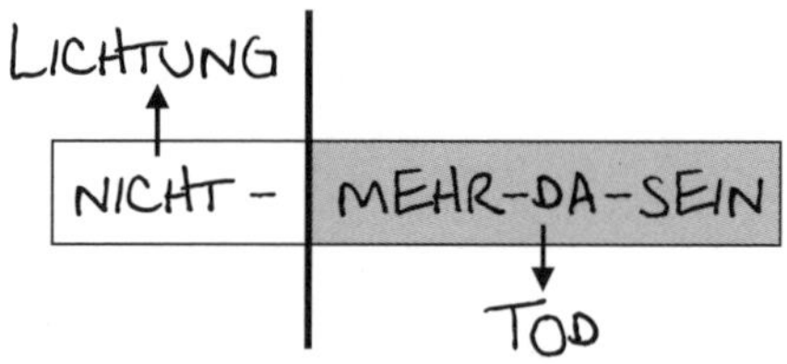

Die Einkehr ins Bewusstsein, das intime Denken, die Befreiung von jedweder Ichhaftigkeit – all das könnten wir auch als „Lichtung des Geistes", als **INSTANT LUMEN** bezeichnen. Im Sinne von: Der Geist lichtet sich und der Geist ist in einer Lichtung.

Solange wir hier in der Welt leben, stehen wir fast immer in einer Unabgeschlossenheit. Die Erfüllung, welche auch immer, steht aus. Wir wollen sie durch das Aufgehen im Schönen, durch die Liebe, durch alles, was wir ersehnen, finden. Das ist die eine Seite. Der Wille zum Ausstieg *in* dieser Welt.

Die andere Seite geht anders aufs Ganze: der Ausstieg *aus* dieser Welt. Dieser Ausstieg ist größer, ist einmalig. Aber – und das ist eben meine Überlegung – haben diese beiden Ausstiege nicht frappierende Ähnlichkeiten? Logisch gedacht, kann nach dem physischen Tod von uns – wenn überhaupt – nur das Bewusstsein übrigbleiben. Die Identifikation mit dem eigenen Körper, dem Krempel usw. wird im wortwörtlichen Sinne gegenstandslos. Sie reißt ab. (Das Übergewicht bist du auch los.) Glauben wir den Thesen der Forschung, dann ist das Bewusstsein grundlegend. Die Gedanken sind nur eine Begleiterscheinung, ein Epiphänomen. Somit rutschten wir beim Tod in dieses Grundlegende zurück. Wir erlebten die Lichtung pur. Zusammengefasst läuft der Gedanke so: Wenn die Einkehr ins Bewusstsein uns zu „Lebzeiten" den Erkenntnis- und Glückseligkeitsgipfel beschert, und wenn wir beim physischen Tod im Bewusstsein abgesetzt werden, weil sonst nichts von uns übrigbleibt, und wenn das Bewusstsein einen ontologisch höheren Rang hat als Körper, Seele, Verstand, dann liegt es nahe zu folgern, dass wir die rosigsten Zeiten noch vor uns haben. Wenn dieser naheliegende Gedankengang weiter wissenschaftlich erhärtet wird, dann können wir alle Todesängste ad acta legen. Viele große Denker und Denkerinnen berühren diese Spur.

Davon zeugen die folgenden Sätze

Das Herzstück

Die Erkenntnis-Zitate aus der Weltliteratur

Einstein, Albert (* 1879; † 1955) Deutschland, Tod als Leben? 1
Der Tod ist eine optische Täuschung.

Morgenstern, Christian (* 1871; † 1914) Deutschland, Tod als Leben? 2
Warum sollte dies mein Leben ein Anfang oder Ende sein, da doch nichts ein Anfang oder Ende ist. Warum nicht einfach eine Fortsetzung, der unzähliges Wesensgleiche vorangegangen ist und unzähliges Wesensgleiche folgen wird.

Goethe, Johann Wolfgang von (* 1749; † 1832) Deutschland, Tod als Leben? 3
Das Ewige regt sich fort in allen:
denn alles muss in Nichts zerfallen,
wenn es im Sein beharren will.

Heinse, Wilhelm (* 1749; † 1803) Deutschland, Tod als Leben? 4
Wenn wir tot sind: sind wir weniger als ein neu geborenes Kind; und vielleicht mehr als ein Mensch.

Cioran, Emile Michel (* 1911; † 1995) Rumänien, Tod als Leben? 5
Der Tod ist ein Zustand der Vollkommenheit, der einzige, der für einen Sterblichen erreichbar ist.

Novalis (* 1772; † 1802) Deutschland, Tod als Leben? 6
Der Tod ist eine Selbstbesiegung – die, wie alle Selbstüberwindung, eine neue, leichtere Existenz verschafft.

Böhme, Jakob (* 1575; † 1624) Polen, Tod als Leben? 7
Der Schüler: Wohin geht die Seele, wenn der Körper stirbt? Der Meister: Es besteht keine Notwendigkeit für sie, irgendwohin zu gehen.

Ram Dass alias Richard Alpert (* 1931) USA, Tod als Leben? 8
Im ersten Teil meines Lebens wollte ich unbedingt jemand sein. Dann habe ich kehrtgemacht und wollte unbedingt niemand werden. Jetzt versuche ich, niemand zu sein, indem ich jemand bin. Solange man meint, jemand zu sein, hat man Angst, denn jemand stirbt letzten Endes. Aber niemand stirbt nicht. ... Man lebt voller Leidenschaft, und doch gibt es da den anderen Teil von einem, der absolut leer und gleichmütig ist. Man lebt in dieser Welt und gehört doch nicht zu ihr.

Pessoa, Fernando (* 1888; † 1935) Portugal, Tod als Leben? 9
Die Welten sind für uns vertauscht. Wenn wir zu leben meinen, sind wir tot; wenn wir sterben, beginnen wir zu leben.

Morgenstern, Christian (* 1871; † 1914) Deutschland, Tod als Leben? 10
Wohin können wir denn sterben, wenn nicht in immer höheres, größeres Leben hinein?

Osho (* 1931; † 1990) Indien, Tod als Leben? 11
Werde eine große Flamme – bestehend aus Bewusstsein; dann wirst du, wenn der Tod kommt, in der Lage sein, ihn zu bezeugen. Du wirst in der Lage sein, ihn zu sehen und du wirst wissen: „Der Körper ist im Begriff zu sterben, das Ego ist im Begriff zu sterben, aber ich sterbe nicht, weil ich der Zeuge bin." Dieser Zeuge ist der wahre Kern der Existenz. Dieser Zeuge ist, was die Religionen „Gott" nennen und was Lieh Tzu und Chuang Tzu „Tao" nennen – das Wissende, das wissende Element, das Bewusstsein, die Wahrnehmung als solche, die Präsenz.

Jiménez, Juan Ramón (* 1881; † 1958) Spanien, Tod als Leben 12
Ich bin nicht ich.
Ich bin jener,
der an meiner Seite geht, ohne dass ich ihn erblicke,
den ich oft besuche,
und den ich oft vergesse.
Jener, der ruhig schweigt, wenn ich spreche,
der sanftmütig verzeiht, wenn ich hasse,
der umherschweift, wo ich nicht bin,
der aufrecht bleiben wird, wenn ich sterbe.

Tolle, Eckart (* 1948) Kanada, Tod als Leben? 13
Der Tod nimmt alles weg, was du nicht bist.

Rilke, Rainer Maria (* 1875; † 1926) Österreich-Ungarn, Tod als Leben? 14
Siehe, ich lebe. Woraus? Weder Kindheit noch Zukunft
werden weniger... .. Überzähliges Dasein
entspringt mir im Herzen.

Goswami, Amit (* 1937) Indien, Tod als Leben? 15
Das Bewusstsein ist die Grundlage allen Seins.

Schleich, Carl-Ludwig (* 1859; † 1922) Deutschland, Leben und Tod? 16
Ohne ein Leben nach dem Sterben bleibt dieses Leben ein phantastisches Chaos, die Erde ein unbegreifliches Massengrab und unser Geborensein ein Verbrechen, auf das die Todesstrafe gesetzt ist. Verstanden werden kann das Leben nur im Lichte der Ewigkeit.

Osho (* 1931; † 1990) Indien, Tod als Leben? 17
Wer stirbt? Wer wurde geboren? Das Ego wurde geboren und das Ego stirbt. Ganz in der Tiefe, wo es kein Ego mehr gibt, da wurdest du nie geboren und

da stirbst du niemals. Du bist ewig, du bist die Ewigkeit, du bist exakt das Substrat, aus dem die Existenz besteht – wie kannst du also sterben?

Singer, Michael A. (* 1947) USA, Tod als Leben? 18
Ich erkannte nun, dass die großen Heiligen und Meister aller religiösen Traditionen über ihr persönliches Ich hinausgegangen waren, um ihr spirituelles Selbst zu finden.

Hier erlebst du die audio-visuelle Darstellung der Erkenntnissätze:
www.instantlumen.de

Das Coaching: durchstarten zum Tod als Leben!

Und jetzt geht es los mit Selbsterkundungsimpulsen, Übungen und anderen Feinheiten, damit wir gut navigieren.
Wenn du schreibend oder sprechend verbindlicher mit dir bist, lohnt es sich, deine Antworten aufzuschreiben oder mithilfe von Sprachmemos zu verwurzeln. Der graue Balken zeigt dir, wo deine Antworten gefragt sind.

ALS ERSTES: Selbsterkundung = die Spreu vom Weizen trennen

Nun kannst du die Spreu vom Weizen trennen, indem du **einerseits** überlegst oder aufschreibst, ob du was aus dem Tod für dein Leben rausholst. Und wenn ja, was?

und **andererseits** kannst du überlegen, ob und inwiefern dein Leben anders wäre, wenn das Weiterleben nach dem eigenen Tod eine unerschütterliche, allgemein gewusste Tatsache wäre.

FRAGE 1: Neben der kognitiven Gewissheit gibt es auch emotionale Gewissheiten. Inwiefern bist du von der Sterblichkeit oder Unsterblichkeit der menschlichen Seele oder des Geistes überzeugt?

FRAGE 2: Was steckt dahinter? Wie fühlt sich deine Überzeugung für dich an? Was gibt sie dir?
Zum Beispiel: Das Gefühl, dir nichts vorzumachen, Ehrlichkeit, Geborgenheit, Lebensmut, Kraft, saubere Resignation, Verzweiflung oder, oder ...

HAUPTFRAGE bitte spontan beantworten:
Was findest du am attraktivsten: Tschüss auf immer, immer wieder geboren werden, ewige Daseinsfreude woanders, oder...?

ALS ZWEITES: in die Spur kommen

Vergegenwärtige dir genau, wie es sich anfühlt, wenn du frei bist von dir.

FRAGEN: Musst du auf dich reinfallen? Ist der Augenschein nur ein Schein? Was siehst du, wenn dein Geist offen und ohne Gedanken ist?

ÜBUNG 1: Versuche innen zu finden, was es außen nicht gibt. Wie fühlt es sich an, immer wieder den Blick nach innen zu richten. Wer soll sich bei dir entschuldigen, es dir recht machen, dich lieben? Und das nun alles auf dich selbst beziehen: Ich entschuldige mich bei mir, ich mach es mir recht, ich liebe mich ... usw.

ÜBUNG 2: Experimentiere damit, dich in den nächsten drei Tagen vom Tod bei allen Fragen und allen Entscheidungen beraten zu lassen.

DAS MOTTO: Lieber himmelhoch jauchzend als zu Tode betrübt!

EINGEDENK des Satzes: Wer unsterblich verliebt bleibt, ist das Thema los.

FEEDBACK an dich und von dir selbst: Wie leicht fällt es dir, dich selbst loszulassen?

SPEZIELLE FRAGE: Bis du jetzt unsterblich oder nicht?

ALS DRITTES: Absprung

DER GANZ GROSSE Tod als Leben beginnt zu Lebzeiten und immer wenn ich ...
Was ist dein Renner?

KOAN: Wer bist du, wenn du dich totlachst?

SINNFRAGE: Wie sinnvoll wäre unser aller Leben, wenn wir uns des Todes eingedenk dem Leben in die Arme würfen?

ALS VIERTES: Auf den Punkt gebracht

Vielsagend und spannend ist, dass sowohl in der Lichtung zu Lebzeiten als ggf. auch im Tod die Einkehr ins Bewusstsein DAS Merkmal ist. Das ist jedoch nicht die einzige Gemeinsamkeit, denn scharf gedacht erleben wir als überpersönliches Gewahrsein im postmortalen Nur-noch-Bewusstsein genau die sinnstiftenden Erfahrungen, die uns der Erkenntnisgipfel als Einkehr ins Bewusstsein zu physischen Lebzeiten freigelegt hat. Ich lasse sie hier noch einmal Revue passieren, damit sichtbar wird, inwiefern das Äußerste, das Schönste im Leben den „Normal"zustand im Tod kennzeichnen könnte.

VERGEGENWÄRTIGUNGS- UND FORSCHUNGSIMPULSE

Jetzt kannst du überprüfen, inwiefern der hier vorgetragene Gedankengang stichhaltig ist. Beantworte einfach die beigefügten Fragen:

- **Sehnsucht + Frage:** Was passiert, wenn die Sehnsucht im Erfüllungsort landet?
- **Symbolisches versus intimes Erkennen + Frage:** Wenn die Objekte des symbolischen Erkennens wegfallen, weil wir qua „Tod" im Nur-noch-Bewusstsein des intimen Erkennens sind, was folgt daraus?
- **Reines Erkennen + Frage:** Das reine Erkennen ist nicht abhängig von inneren oder äußeren Gegenständen. Es ist distanzlos, einfach, pur. Wie wirkt sich das auf unser Erleben aus?
- **Tun als Weglassen + Frage:** Was gibt es zu tun, wenn es nichts zu tun gibt?
- **Es ist schon da + Frage:** Wenn wir im ablenkungsfreien Raum des reinen Bewusstseins sind, was gibt es dann noch zu suchen?
- **Einssein + Frage:** Wenn Schatzi irrelevant wird, weil alles Schatzi ist, was dann?
- **Wie kommen wir zum Ziel? + Frage:** Was passiert mit dem Ziel, wenn es erreicht ist?
- **Kunst als Vollzug der Einkehr ins Äußerste + Frage:** Welche Einkehr nach der grundlegendsten Einkehr?
- **Ich weg + Frage:** Wenn dir alle Identifikationen abhandengekommen sind, womit bist du dann identifiziert?
- **Grenzerfahrung + Frage:** Wenn du die äußerste Grenze überschritten hast, was bleibt dann?

Es zeigt sich in beiden Zuständen, eben der Einkehr ins Bewusstsein zu Lebzeiten und der Einkehr ins Bewusstsein zu Danachzeiten, die Restlosigkeit erfüllten Lebens. Diese Parallelen und die Tatsache, dass alle Erleuchteten von der Unsterblichkeit überzeugt sind, machen doch stutzig. Und nicht nur die Erleuchteten! Jeder Mensch erlebt in der Luzidität der Lichtungserfahrung die existenzielle Bedeutungslosigkeit des Todes. Grüßt uns in dieser Luzidität der Lichtungserfahrung eine völlig unabhängige, nur dem Sein entspringende Dimension des **INSTANT LUMEN**?

Sharing

Bei diesem Erkenntnis-Abenteuer geht es um nichts weniger als die Verwirklichung des menschlich und „übermenschlich" Besten und Höchsten. Bei der gipfeligen Einkehr ins Bewusstsein selbst lassen wir unsere eintrainierte Persönlichkeit hinter uns und streifen unsere Standardeinstellungen ab. Deshalb ist dieser Zustand aller individuellen Merkmale entkleidet. Das bedeutet außerdem, dass alle Menschen in dieser Erfahrung gleich oder je nach Tiefe/Höhe ähnlich erleben. Darüber sich auszutauschen ist ein Verbundenheitsfest. Das kannst du hier auf „www.instantlumen.de/sharing" feiern, indem du beschreibst, wie es sich für dich *anfühlt*, **wenn du den „Tod als Leben" jetzt schon spürst**. Beschreibe nur dein Erleben. Lass alle Deutungen, Geschichten und Vergegenständlichungen weg.

Worum's ging

Ausführung aus dem Thema

Ob es gelungen ist, sichtbar zu machen, dass wir letztlich dasselbe suchen, dass alle Menschen in ein und demselben evolutionären Sog leben? Weltanschauliche Versteifungen führen deshalb unnötigerweise zu Kampf, Zersplitterungen und Unfrieden – und das im Namen ein und desselben Ziels!

Die Wege nach Rom? Hier ist die Zersplitterung in voller Blüte. Auch innerhalb einer sogenannten Lehre oder Religion! Die Zen-Schule war flott gespalten: Der nördliche Zweig hielt es mit dem allmählichen Eintreten der Erleuchtung und der südliche Zweig, die Rinzai-Schule, ist von der plötzlichen Erleuchtung überzeugt. Und was stimmt? Das, was vorkommt. Was sind die besten Wege? Die, die am leichtesten zur Erfüllung führen. Anstrengung ist genauso verdächtig wie Trägheit.

Ich habe alles probiert, um den Kopf frei zu bekommen. Vieles wirkte ein bisschen, anderes durchschlagend. Mein Fazit:

1. **Unerledigter Psychokram** ist am schnellsten integriert durch handfeste Handlungskonsequenzen und durch die Ausbildung nicht gelebten Potenzials. Hier hilft die Bewusstseinsskala als Messlatte, um die Spielverderber des Glücks auszuloten und die Integrationsrichtung aufzuzeigen. Wer sich diesem Training ausführlich widmen möchte, findet es in meinem Buch: „Wer sich liebt, umarmt die Welt."

2. Viele **Meditationsformen** arbeiten „dual" – als Beispiel: Konzentration auf die Atmung, die aufsteigenden Gedanken usw. Sie sind also auf Wahrnehmungsobjekte bezogen. Das ist für manche ein guter Steigbügel. Andere bevorzugen kathartische Methoden: abblubbern, schreien, verrücktspielen, aufschreiben des Gedankenstroms oder joggen ohne Unterlass. Ich empfinde als durchschlagend die unmittelbare Versenkung in den Geist, ins Bewusstsein. Direkt sozusagen. Oder sich totlachen als sportliches Ego-Ex.

3. Als **Leitfrage für den Alltag** folgende: Bei welchem Vorgehen oder bei welcher Entscheidung habe ich den Kopf am freisten? Außerdem alles kultivieren, was einen freien Kopf und ein freudiges Herz schenkt.

Die Wege sind relativ unwichtig, solange uns bewusst ist, dass uns ein und dasselbe evolutionäre Ziel zieht. Wir ahnen und erleben es, wenn wir in das Nur-noch-Bewusstsein, in den freien Kopf, ins **INSTANT LUMEN** einkehren.

Das philosophische Durchstarten auf einen Blick

Lichtungs-Themen	Spreu + dahinter? + hinter dem Dahinter	Ausstieg per neue Überzeugung + Handlungskonsequenz	Weizen
Sehnsucht/ Sucht	schmachtende Sehnsucht/Lust	bedingungslos, unabhängig lieben	wesentliche Sehnsucht
Symbolisch/ intim	Was löst Gendanken-karusselle aus? - alle Themen	Mit neuen Überzeugungen und Handlungskon-sequenzen auf die Nöte hinter hinter dem Gedankenkarussell antworten (PEI)	Sendepause im Kopf
Reines Erkennen	Gefühl der Sinnlosigkeit, Chaos	z.B. Hochgefühle wie Dankbarkeit, Wertschätzung, Freude, Begeisterung, Mitgefühl einladen	tausend Evidenzen kosmische Ordnung
Tun als Weglassen	Ungute Anstrengung dahinter? Perfektionismus Leistungswahn usw.	z.B. in der Zeitlosigkeit leben, weglassen und nochmals weglassen	Alles flutscht wie von selbst
Es ist schon da	Vor-stellungen vom Glück	z.B. frohlockende Nicht-Suche, bejahendes Tun	Ankunft statt Suche, vertrauende Unsicherheit
Einssein	ungute Einsamkeit	z.B. gute Eigenfürsorge, weniger Ich-Befestigungs-Maßnahmen	nahtlose Verbundenheit
Wie kommen wir zum Ziel?	Scheinziele	Spreu-Ziele runterfahren, Sinn-Ziele an die erste Stelle setzen	Lebenserfüllungs-Ziele
Kunst als Einkehr	alles Unschöne	Schönes bewahren, das andere wegknallen	alles, was die Seele hebt
Ich weg	sich ungut verlieren	Das Ich stärken: JA! Das Ego füttern: NEIN!	sich verjubeln
Grenzerfahrung	sich zerstörerisch aufs Spiel setzen	konstruktive Mutproben	sich vertrauend aussetzen
Tod als Leben?	Anschlag	Anstoß	Antwort

Literaturliste

Arendt, Hannah: *Vita activa*
Aurobindo, Satprem: *Sri Aurobindo oder das Abenteuer des Bewusstseins*
Beck, Charlotte Joko: *Zen*
Benoit, Hubert: *Die Hohe Lehre – Der Zen-Buddhismus als Grundlage psychologischer Betrachtungen*
Byung-Chul Han: *Philosophie des Zen-Buddhismus*
Cadenas, Rafael: *Dunkle Tiger*
Camus, Albert: *La Peste – Die Pest*
Canetti, Elias: *Buch gegen den Tod, Nachträge aus Hampstead*
Celan, Paul: *Atemwende*
Chah, Ajahn: *A Still Forest Pool*
Cheng, François: *Fünf Meditationen über die Schönheit*
Chödrön, Pema: *Comfortable with Uncertainty*
Chopra, Deepak: *Die Quelle von Wohlstand und Glück*
Cioran, Emile Michel: *Die verfehlte Schöpfung*
–: *Vom Nachteil, geboren zu sein*
Cohen, Alan: Wiedergefunden!
Cousins, Norman: *Internet: www.goodreads.com*
Dean, James: *Karen Clemens Warrick, James Dean: Dream as if you'll live forever*
Domin, Hilde: *Internet, www.schreibfeder*
–: *Sämtliche Gedichte*
Einstein, Albert: *Internet: www.norbertkasper.de/interessantes/lebensweisheiten/einstein.php*
Eliot, T.S.: *Aus der Schale eines gebrochenen Herzens*
Eudenbach, Wilma: *Internet, www.aphorismen.de*
Fredriksson, Marianne: *Marcus und Eneides*
Fürst, Walter: *Wir Kleindenker: ein Plädoyer für die Einfalt und Vielfalt des Denkens*
Goswami, Amit: *Bleep*
Lama Anagarika Govinda: *Internet, www.beespace.de*
Haas, William S.: *Westliches und östliches Denken*
Heidegger, Martin: *Grundbegriffe*
–: *Identität und Differenz*
–: *Holzwege*
–: *Was heißt Denken?*
Hesse, Hermann: *Über das Glück: Betrachtungen und Gedichte*
Hohl, Ludwig: *Alles ist Werk*
Iacocca, Lee: *Internet, www.gutezitate.com*
Jaspers, Karl: *Der philosophische Glaube angesichts der Offenbarung*
–: *Einführung in die Philosophie*
Jiménez, Juan Ramón: *Herz stirb und singe*
Jung, Carl Gustav: *Internet, http://www.meditation-in-hamburg.de*
Kaléko, Mascha: *Sämtliche Werke und Briefe. Hrsg. und kommentiert von Jutta Rosenkranz*
Keller, Helen: *Internet, www.goodreads.com*
Khan, Vilayat Inayat: *Internet, www.benediktushof-holzkirchen.de*

Klein, Jean: *Internet, azquotes.com*
Krishnamurti: *Internet, philolex.de*
–: *Internet, zitatezumnachdenken.com*
Kühlewind, Georg: *Bewusstseinsstufen*
Lauterbach, Ute: *Wer sich liebt, umarmt die Welt*
Lec, Stanislaw Jerzy: *Sämtliche unfrisierte Gedanken*
Lenz, Frederick alias Rama: *Internet, quotefancy.com*
Massaro, Bentinho: *Super Accelerated Living*
Merleau-Ponty, Maurice: *Das Auge und der Geist. Philosophische Essays, hrsg. und übers. von Hans Werner Arndt.*
Miller, Henry: *Internet, goodreads.com*
Murdoch, Iris: *The Good Apprentice*
Osho: *The Pathless Path*
Parson, Tony: *Knowing and Unknowing + Internet, theopensecret.com*
Picasso, Pablo: *Internet, gutzitiert.de*
Reps, Paul: *Ohne Worte – ohne Schweigen*
Rinpoche: *Rebell Buddha*
Roberts, Bernadette: *The experience of no self: A contemplative journey by Bernadette + Internet, gaiam.com*
Safranski, Rüdiger: *Die Ambivalenz des Bösen*
–: *Das Böse*
Sagan, Samuel: *Tor zu inneren Welten*
Sartre, Jean Paul: *Internet, gutezitate.com*
Schmitt, Eric-Emmanuel: *Monsieur Ibrahim et les fleurs du Coran*
Schrödinger, Erwin: *Geist und Materie*
Schweitzer, Albert: *Oermann, Albert Schweitzer, 1875 – 1965, C.H.Beck, 2013*
Singer, Michael A.: *The Surrender Experiment, Yellow Kite Books, 2015, S. 50*
Spark, Muriel: *Internet, goodreads.com*
Spira, Rupert: *Internet, non-duality.rupertspira.com*
Starbuck, Edwin Diller: *Psychology of Religion*
Suzuki, Daisetz Teitaro: *Kipfer, Instant Karma, Workman Publishing 2013*
–: *Die große Befreiung*
Swartz, James: *The Essence of Enlightenment*
Thibaut, Stéphane: *Revolution aus der Stille*
Tolle, Eckart: *The Power of Now + Jetzt. Die Kraft der Gegenwart*
van de Wetering, Janwillem: *Reine Leere*
–: *Internet, wienerzeitung.at*
Verdier, Fabienne: *Zeichen der Stille, S. 210*
Watts, Alan W.: *The Wisdom of Insesurity/Weisheit des ungesicherten Lebens*
Watzlawick, Paul: *Vom Schlechten des Guten*
Weber, Andreas: *Lebendigkeit, eine erotische Ökologie*
Wilber, Ken: *Einfach „Das"*
–: *Eros, Kosmos, Logos*
–: *Das Wahre, Schöne, Gute*
Wolf, Christa: *Kein Ort. Nirgends*
Yesudian, Selvarajan: *Hatha-Yoga*

Trotz unserer Bemühungen ist es uns nicht in allen Fällen gelungen, die Rechteinhaber für die Zitate ausfindig zu machen. Sollten Sie nachweislich das Recht an einem der von uns verwendeten Inhalte haben, bitten wir Sie, sich beim Verlag zu melden, damit wir Ihre Leistung angemessen honorieren können.

Die Mitwirkenden auf einen Blick

Ute Lauterbach, Hélène Van den Kerchove, Ines Gardner, Bernd Müller, Daniela Schulz, Tessa Lekebusch, Christa König, Anke Sauer, Cornelia Schweizer, Maria Offers, Katrin Benner, Heiko Braun, Paula Wehmeyer, Christiane Reller, Hannah Richter, Ralf Kuhl, Christiane Strack, Gisela Meickl, Anni Kirchner, Peer Kling, Sonja Gilges, Elke Kalender, Rolf Jaeger, Thorge Kirchhof, Stefanie Hildebrand, Manfred Tesch, Sandra Dauer, Dagmar Paul, Pascal Wuillaume und viele mehr.

Außerdem: Thomas von Aquin, Muhyī d-Dīn Ibn Arabī, Hannah Arendt, Aristoteles, Francis of Assisi, Aurobindo, Basho, Charlotte Joko Beck, Hubert Benoit, William Blake, Bodhidharma, Jakob Böhme, Martin Buber, Buddha, Byung-Chul Han, Rafael Cadenas, John Caird, Albert Camus, Elias Canetti, Caterina da Siena, Paul Celan, Ajahn Chah, François Cheng, Pema Chödrön, Deepak Chopra, Chuang-Tzu, Emile Michel Cioran, Alan Cohen, Angelika Corbineau-Hoffmann, Norman Cousins, Ram Dass alias Richard Alpert, James Dean, Simone de Beauvoir, René Descartes, Richard Fedor Leopold Dehmel, Eihei Dōgen, Hilde Domin, Meister Eckehart, Albert Einstein, T. S. Eliot, Ralph Waldo Emerson, Wilma Eudenbach, Meister Fen-Yang, Johann Gottlieb Fichte, Marianne Fredriksson, Eugène Fromentin, Walter Fürst, Johann Wolfgang von Goethe, Amit Goswami, Lama Anagarika Govinda, William S. Haas, Christian Friedrich Hebbel, Martin Heidegger, Wilhelm Heinse, Hermann Hesse, Benjamin Hoff, Ludwig Hohl, Huang-po, Huineng, Meister Hung-Chih, Lee Iacocca, William James, Karl Jaspers, Juan Ramón Jiménez, Meister Jôshû Jûshin, Carl Gustav Jung, Franz Kafka, Mascha Kaléko, Helen Keller, Thomas Ken, Vilayat Inayat Khan, Søren Kierkegaard, Jean Klein, Jack Kornfield, Krishnamurti, Georg Kühlewind, Erik Pema Kunsang, Laotse, Else Lasker-Schüler, Ute Lauterbach, Laṅkāvatāra-sūtra, Stanislaw Jerzy Lec, Frederick alias Rama Lenz, Giacomo Leopardi, James Henry Leuba, Lieh-Tzu, Sri Ramana Maharishi, Bentinho Massaro, Maurice Merleau-Ponty, Malwida von Meysenburg, Michelangelo, Henry Miller, Christian Morgenstern, Iris Murdoch, Robert Musil, Friedrich Nietzsche, Maharaj Nisargadatta, Novalis, Osho, Padmasambhava, Tony Parsons, Fernando Pessoa, Pablo Picasso, Platon, Plotin, Marcel Proust, Ramakrishna, Paul Reps, Rainer Maria Rilke, Rinpoche, Bernadette Roberts, Rumi, Ryokan, Rüdiger Safranski, Antoine de Saint-Exupéry, Samuel Sagan, Jean Paul Sartre, Friedrich Schelling, Johann Christoph Friedrich von Schiller, Carl-Ludwig Schleich, Eric-Emmanuel Schmitt, Romy Schneider, Arthur Schopenhauer, Erwin Schrödinger, Albert Schweitzer, Sengai, Angelus Silesius, Michael A. Singer, Sosan, Muriel Spark, Rupert Spira, St. Jean de la Croix, Daisetz Teitaro Suzuki, James Swartz, Antal Szerb, Lord Tennyson, Stéphane Thibaut, Eckart Tolle, Leo N. Tolstoi, Kurt Tucholsky, Aus den Upanishaden, Paul Valéry, Janwillem van de Wetering, Fabienne Verdier, Jef Verheyen, Voltaire, Bettina von Armin, Alan W. Watts, Paul Watzlawick, Andreas Weber, Wei Wu Wei (Terence James Stannus Gray), Simone Weil, Walt Whitman, Ken Wilber, Christa Wolf, William Wordsworth, Yang Wan-Li, Selvarajan Yesudian

Die Autorin

Wer ist Ute Lauterbach?
Waldbewohnerin. Philosophin. Buchautorin. Unsinnsexpertin. Schicksalsforscherin. Erfinderin der Bewusstseinsskala.

Was macht Ute Lauterbach?
Philosophische Seminare über Sein, Sinn und Unsinn. Workshops zur psycho-energetischen Integration. Workshops und Coachings zum Thema dieses Projekts. Coaching/Supervision. Firmen navigieren. Einzel- und Gruppentraining. Vorträge im In- und Ausland, TV und Radio.

Was kann sie?
Rasant schnell Lebensläufe verstehen, Knackpunkte entdecken und Weichen zur Selbstbefreundung stellen. Philosophische Themen humorvoll und einfach darstellen. Frieden stiften.

Ihr innerstes Anliegen
Die schönste Erfahrung – die eines ganz freien Kopfes – pflegen und weitergeben. Du machst sie annähernd, wenn du dich vollständig kaputtlachst. Oder wenn du dich im Schönen gänzlich verlierst. Sie geht über das Flow-Erleben hinaus. Sie ist: Glückseligkeit, Nirvana, Unio mystica, Erleuchtung, ekstatischer Frieden.
Ute Lauterbachs innerstes Anliegen ist es, die Bahn Richtung Glückseligkeit frei zu machen. Also Gedankenwolken wegschieben. Biographischen Müll entsorgen. Selbstbefreundung fördern. Unsinnspflege.

Special
Ute Lauterbach ist bis in feinste Nuancen zu Hause in deutscher und englischer Sprache.
Inspirierend lebendige Bühnenpräsenz der geistsprühenden Art.
Darstellerisches Talent und obendrein voller Empathie.

Ihre Bücher und Vorträge
Wer sich liebt, umarmt die Welt, Scorpio-Verlag, 2015
Kopf frei!, Kösel-Verlag 2011
Das Zeitbeschaffungs-Buch, Kreuz, 2011
Wie viel weniger ist mehr?, Herder, 2011
Lebenskunst auf den Punkt gebracht, Herder, 2010
Jammern mit Happy End, Kösel-Verlag, 2009
Lässig scheitern, Kösel-Verlag, 2007
Werden Sie Ihr eigener Glückspilot, dtv, 2006
LiebesErklärungen, dtv, 2005
Raus aus dem Gedankenkarussell, Kösel-Verlag, 2004
Spielverderber des Glücks, Kösel-Verlag, 2001
18 Vorträge zum Downloaden und auf Tonträger
Themen siehe: www.ute-lauterbach.de

Ute Lauterbach • Institut für psycho-energetische Integration
Zum Johannistal 1 • 57610 Altenkirchen
Fon +49(0)2681-2402 • E-Mail: info@ute-lauterbach.de
www.ute-lauterbach.de • www.instantlumen.de

INSTANT LUMEN

stands for the
very peak of human cognition.
As it has always been
experienced and verbalized,
also today by you and me.
10,000 quotations
make its universality obvious
for the first time.
End of the quest
by arriving in consciousness,
in
INSTANT LUMEN

Cover and Layout: Anke Sauer
Photos: Hélène Van den Kerchove
Print: Buchdruckerei24 SATZART OHG
Printed in Germany

ISBN: 978-3-934486-42-3

On the Internet at:
www.instantlumen.com
www.ute-lauterbach.de

This project is unique,

- ●●● because it shows for the first time what we all already "know" without having grasped its full implications.
- ●●● because it reveals the peak of human cognition and longing, allowing all great thinkers, writers, philosophers and wise men to have their say.
- ●●● because it brings the human search for meaning to a common denominator. And this common demominator is felt by everybody.
- ●●● because it makes meaning a tangible experience in the mind, without ideological admixture.
- ●●● because this project exposes a primal human experience in its deep meaning and thus makes the goal of our longing clearly visible.
- ●●● because this project will not only theoretically secure the universal summit of knowledge, but above all it will also sensually get under your skin through music and images.
- ●●● because this cognitive summit is a logical interdisciplinary one.
- ●●● because the many individual voices of all epochs and cultures, which have verbalized the summit experience of meaning and Being, will for the first time be brought together in a great synthesis and made visible in their common quintessence.
- ●●● because the summit and epitome of human cognition provides a focus to which all facets of a meaningful and happy life articulated worldwide actually refer. Ute Lauterbach enters 11 of these facets.
- ●●● because this actually so obvious summit of knowledge - the **INSTANT LUMEN** - is finally brought to the point here.

This **INSTANT LUMEN** project is unique because it unites the heartbeat of an infinite number of thinkers in one big heart.

Content

Challenge

„Thoughts, feelings, memories, dreams, perceptions, beliefs, and opinions arise and dissolve like mist in the early morning in this pure, simple, unchanging awareness that we are. Although awareness and consciousness are synonyms, I tend to use the word awareness because we almost invariably take consciousness to be the mind, i.e., the events that arise and subside in consciousness. Owing to its associations with the mind, consciousness, which is often referred to as a stream or a flow of subjective experiences, is not as helpful a word as awareness, although in usage awareness often also refers to the mind."

I quote James Swartz to point out that the translation of this book faced the same challenge. Here consciousness and awareness represent what we are, after having subtracted our personal histories from ourselves with lock, stock and barrel.

UTE LAUTERBACH
– who she is and what she wants

The philosopher Ute Lauterbach is convinced that there is a definition of happiness which – as soon as we understand and implement it – will provide each of us with a maximum of serenity and make the meaning of life experienceable.

As a child already she decided to not give up on finding the meaning of life, with the intention to provide empirical evidence for a universal definition of happiness. She searched through countless pieces of literature from all epochs, in order to find the universal, interfaith meaning of life among the best thinkers in the world. What was the common ground among the wise people when it came to achieving happiness and satisfaction?

Thinkers, philosophers, writers and scientists from many centuries and cultures have indeed come to one common insight: The greatest success in the pursuit of finding happiness always points in the same direction: Towards entering consciousness, towards BEING aware.

Only a completely free mind allows for being aware. And this is Ute's basic conviction for which she has now provided evidence for the first time: A free mind leads to infinite happiness.

Not only the great thinkers but all of us know about the happiness of a silent mind without thoughts swirling through it and beyond all the biographical "crap" we are carrying with us. For example, we are blissful when being in love. Suddenly – instantly – there is this feeling of wanting to hug the whole world. Anybody participating in the Coaching presented here will revive this feeling in a different way, will be able to philosophically take off and to describe the meaning of life with renewed clarity, and he/she will not only have understood Ute's definition of happiness but will also find it easy to live it. Then blissfulness will not only come from being in love with somebody but will be rooted in the source of happiness itself.

This coaching draws its convincing power from the fact that it is not only invented, but can be experienced universally. By **INSTANT LUMEN**, Ute Lauterbach makes it possible for everybody to discover entering consciousness. Quotations from world literature collected by her reflect the essence of our striving and longing: They provide answers to the great, essential questions of life. In a thrilling and playful way Ute combines theoretic insights and interactive practice units in the context of which she coaches us to find, by way of these wisdoms, explanations for *our own* lives and pave the road towards *our own* blissfulness.

Overview

Prelude

INSTANT LUMEN – the destination of our philosophical journey
Two ways of thinking

Towards INSTANT LUMEN on the scale of consciousness

What's it all about?
Introduction and the leapless leap

Taking off towards the highest, purest, philosophical joy
The peak of human insight at all times and in all cultures
What is the highest joy of life?

Getting ready for take off – your coaching compass
On the way to **INSTANT LUMEN** we come across 11 different accompanying phenomena of a free mind. You experience all of them when you are at the peak of human cognition. These accompanying phenomena are like clearings in the thicket of everyday life. They are called:

1. **Longing**
2. **Symbolic vs. intimate cognition**
3. **Pure cognition**
4. **Not doing, but dropping activity**
5. **It is already there**
6. **Oneness**
7. **How to reach our destination?**
8. **Art as a means of touching the utmost**
9. **Exit ego**
10. **Boundary experience**
11. **Death as life?**

Before the coaching, i.e. your own journey to a free mind, I enter these clearings with you and familiarize you with the accompanying phenomena.

- **Questions as signposts and idea generators**
- **Lightning start into the respective accompanying phenomenon**
- **The core of this project are quotations from world literature. They prove that the here presented peak of human insight has always and everywhere been understood as a peak, and so we may consider it to be universal.**

The coaching
Here we start: With the help of inspirations for self-exploration, exercises and other refinements – all to enable us to navigate well towards INSTANT LUMEN. It is worth answering the questions in writing. The grey bar shows you where your answers are needed. Perhaps you would like to create a personal accompanying notebook? Or do you prefer voice memos?

What it was all about
Leaving the topic

Your philosophical take off at a glance

Bibliography/literature

The contributors

The Author

Watch INSTANT-LUMEN-videos, share and communicate to help making the world a more peaceful place
www.instantlumen.com

Prelude

Your philosophical take off! This is a tremendous enterprise, because it means becoming fully committed to the most beautiful, the best and the highest. And what is this in philosophy? Let me answer by quoting the great philosopher Hannah Arendt. She writes that "the end and goal of all philosophizing" is supposed to be "a state of speechlessness, a kind of intuition which cannot be expressed by words ...". This speechlessness as a result of having experienced the most beautiful happens when, in rare, blessed moments, our mind is utterly clear, when we are drowning or losing ourselves in being, in highest joy.

Or in other words: We are flooded by immediate understanding, by endless openness, we have become part of the peak of human insight. In such extraordinary, precious moments everything is clear, everything is glowing from within by luminous evidence. This peak experience of "an intuition that cannot be expressed by words" is what I call **INSTANT LUMEN**. This sudden light, instantly shining in our minds, changes life like no other experience of happiness in the world.

Our task is solely to provide a suitable landing field within ourselves. This is what this coaching, this **INSTANT LUMEN** project, is all about. It is not terribly difficult at all. When being guided through the peaks of insight of the philosophical wisdom of all times and cultures we will see that there is more to be just dropped than done.

I would like to start by unfolding the destination – the **INSTANT LUMEN** – of our philosophical journey in more detail. I do find it very important to demonstrate that this is no arbitrary idea but a peak experience of human insight and an experience which is accessible to everyone. It is universal and has been realized and expressed as such at all times.

If you don't want to get familiar with this more philosophical and systematic overview, you can skip the following chapter.

If not specifically listed in a footnote, you will find all necessary references further back in the bibliography.

INSTANT LUMEN – the Destination of our Philosophical Journey

Two modes of thinking

Presenting the **peak of human insight** – this is an extraordinary claim. Which assessment allows for such boldness? The answer: Just general, human experience. Yours and mine. To pave our way towards this great intention, we will now think about thinking.

If there is a peak of human insight, and if it deserves its name, then first of all, everybody would be capable of recognizing it as such. And, secondly, it would indeed have been recognized already in the past. I intend to demonstrate both.

Let us start with a definition: a peak is something that cannot be surpassed. Accordingly, a peak of insight could not be topped by any other insight. Now this is where the dead-end seems to be inevitable, for there is progress, after all – indeed also progress in thinking. Let us have a closer look.

Research and thinking are meant to secure and improve our survival on the planet. Furthermore, and in depth, it is about finding an answer to the crucial question of philosophy: What's all this good for? To be able to answer this question, we must know: What is our thinking capable of? Where and how does it get on stage?

- Firstly, in the **individual scientific disciplines**, no matter if these appear as natural or cultural sciences. Each individual scientific discipline sheds light on a sub-field of our pre-scientific, naïve being-in-the world. By focusing on one sub-field respectively, each individual scientific discipline produces a topical reduction, and as it needs a certain method for its way of proceeding, there results reduction also on the methodical level.
- Secondly, in the **formal sciences**, such as mathematics and logics.
- Thirdly, in philosophy, which is a **universal science**. This attribution is due to the specific intentions of philosophy: being a critical rational science, it strives to analyze the conditions for the possibility of experienced reality as a whole. Much more simply, the following famous questions have it in a nutshell: Why, after all, is there anything at all and not nothing? What can we know? What can we hope for?

We have a rough idea of what thought is capable of on the respective playgrounds: canned meals, navigation systems, cathedrals, atomic clocks, symphonies, from the straw sack to the latex mattress, the categorical imperative, the integral calculus etc. Despite the big differences in the topical fields, reasoning in all fields has one thing in common, and that is referring to an object. The thinker is always different from the object he/she is referring to – even if he/she is him/herself the object.

As long as cognition is about to recognize something, it locates itself outside its object, i.e. it is dualistic (subject ⇔ object) and thus incomplete.
Ken Wilber summarizes this:

"Like ... a knife cannot cut itself, also the universe is not capable of completely seeing itself as an object. Thus any attempt of recognizing the universe as an object is completely and inevitably an inner contradiction, and the more successful this attempt seems to be, the more hopelessly a failure it is in reality, for the more does the universe mislead itself." [1]

And: *"One of the main reasons for the tenaciousness of the dualistic approach ... is that intellectual insight is rooted in the error of duality and can thus not be overcome by intellectual means."* [2]

Maybe you can already anticipate the direction we are aiming at? Dualistic thought is our main place of residence and leads to the following reductions:

1st reduction: Each outside-oriented way of cognition, that is any cognition referring to an object, considers only a section. Reality in its completeness is reduced.

2nd reduction: We work out theories, achieve results, communicate, that is we develop maps of what has been recognized ⇨ move away from the matter as such. Sometimes we believe the maps to be more real than the landscape itself, although nobody would go on holidays to Google Maps.

3rd reduction: The dualistic way of proceeding becomes even more untenable in the field of the subatomic:

Sullivan explains: *"We are not capable of observing the working of nature without changing it."* [3]

Or **Andrade**: *"Observation means intervention into that what is observed ... Observation changes reality."* [4]

Or, more generally, another physicist has it this way: *"We have been chasing substance as far as to the electron, and there we lost track."* [5]

Here the limits of discursive, dualistic thought and cognition are described. Thought comes to a strange limit if its otherwise so stable object simply vanishes. This is the adventure of quantum physics. No wonder that **Niels Bohr** said:
"Who is not shocked by quantum theory has not understood it."

---

[1] Ken Wilber, *Spektrum des Bewusstseins*, S. 30

[2] Ib., S. 31f.

[3] Sullivan, *Die interpersonale Theorie der Psychiatrie*, S. 140

[4] Andrade, *An Approach to Modern Physics*, S. 255

[5] Commins und Lindscott, *Man and the Universe*, S. 450

In terms of language and theory, this limit can be coped with by mathematics speaking of the *"incompleteness theorem"* (Gödel), in analogy to Heisenberg's "uncertainty principle" in physics.

Apart from this astonishing object-lost-limit, there is another limit which is due to the nature of thinking itself. For any kind of thinking assumes its own principles, rules of logic or the likes, and so it has a tacit premise which cannot be proven or verified. However, this is hardly noticed as long as we think in macroscopic dimensions and are lost in collectively accepted categories of preconception.

Due to these tacit premises, the blind spot of our dualistic way of thinking stays blind.

Is there any chance at all of escaping this blind spot? That is: of transcending the limits of our thought, in order to find a landing field for **INSTANT LUMEN**? This will only be possible by help of another set of tools. Our dualistic, preconception-based thinking is of no help because its blind spot stubbornly follows it like a shadow. Here the road towards insight branches out. On the one hand, there is the just described dualistic, analytical thought, and on the other there is a way of "thinking" with a free mind and not based on preconception. This must be a way of thinking which is beyond the subject-object split. We may call it comprehensive perception. It is a completely different category of cognition. Or, with Eddington let us call it "intimate knowledge", and let us distinguish it from "symbolic knowledge". This is a distinction which, in different ways, has been made again and again. Below I present a table, which shows the direction we are heading for. The peak of insight will not be revealed by way of discursive, dualistic, **symbolic** thought but is accessible only for non-dual, **intimate** cognition.

who	symbolic cognition	intimate cognition = **INSTANT LUMEN**
Eddington	"The common ways of reasoning serve only for symbolic knowledge. Intimate knowledge does not provide any starting point for codification and analysis. Rather: Whenever we try to analyze it, intimacy is lost and once again replaced by symbolism.“ [6]	
	– **map, symbols** – dualistic, concluding cognition – **map-based insight**	– **country, reality** – non-dual, immediate cognition – **entering the country**
Heidegger	– representational thinking	– non-representational thinking
Fernando Pessoa	– **thinking**	– **seeing, not thinking**
	"Not thinking, however, I own heaven and earth.“	
Schrödinger	*"The world is given only once. Archetype and reflection are one and the same.“*	
Taoismus	– **conventional knowledge,** linear way of thinking and communicating in terms	– **natural knowledge,** immediate, direct, spontaneous insight into life
Hinduismus	– **progressing conceptual understanding**	– **sudden, intuitive perception of non-duality**
Meister Eckehart	– **evening insight** *"There you see the creatures, in images of manifold diversity.“*	– **morning insight** *"This way you see the creatures without a difference and devoid of all images and all equality, as represented by the One ...“* [7]
Buddhismus Suzuki [8]	– **Vijñā-insight** Here we have got the basic dualism of seeing and seen.	– **Prajñā-insight** The seeing and the seen are identical
Abraham Maslow	– **intellectual knowledge** – abstract, because distant and incomplete operating on the map terrain (thinking by concepts, in symbols, other representational codes such as grades or formulas) – the subject is separated from the object, which is why thinking is an artificial bridge to the object	– **non-dualistic knowledge** – non-abstract because immediate perception of the terrain – subject and object are not separated: immediate perception of reality
Georg Kühlewind	– **dead thinking** – low-level cognition, which is outside its object and dissolves into sensations = ice cube – everyday ego as a "glass partition“ pollutes ⟶	– **alive thinking** – higher, pure, immediate cognition = running water – flaring self-realization ▶ the logos power making consciousness see itself

[6] Commins und Lindscott, *Man and the Universe*, S. 453

[7] Meister Eckehart, *Predigten*

[8] Shunryu Suzuki, *Zen-Geist, Anfänger-Geist*

Only intimate cognition will provide us with the peak of insight, with **INSTANT LUMEN**. This means a different mode of "thinking". It is a kind of spiritual performance befalling us after having entered consciousness itself. And what makes this way of thinking great? Why is it that it provides us with the PEAK of cognition? The answer comes from experience. All humans at all times confirm that they are in a different state of being as soon as their minds are completely clear. When you reflect such exquisite moments, then you know that these are PEAK experiences.

The crucial thing is that only in the state of intimate cognition we experience the features of being. Symbolic cognition makes us move on the level of the everyday world.

You can verify this with the help of the following comparison. What do you experience when your mind is completely empty, free, unattached? Thus you will find the **INSTANT LUMEN** state presented here confirmed in your personal experience.

Features of outer existence	**Features of being**	✓
transience	timelessness, presence	
absence of freedom, entanglement, constraint	freedom, not being entangled, freedom of choice	
suppression, flight, addiction	resting in oneself, being limitlessly blissful	
egocentrism	full experience	
being separated	being connected	
tinkered meaning	actual meaning	
rattling off	resting in stillness	
perceiving	becoming aware and realizing	
symbolic cognition, non-essential thinking	intimate cognition, essential thinking	
clinging, doggedness, plugging away, functioning	letting go, game, creative inspiration	
the relative	the absolute	
ego, I	sublime self = unbounded I	
happiness as complacence (the good luck-bad luck seesaw)	happiness as a lasting feeling of meaning	
causality, chronos	synchronicity, kairos	

Those of you who want to go deeper into this matter can look at my scale of consciousness. There you will learn more about the different levels of our moods and the various qualities of our thinking.

To INSTANT LUMEN on the Scale of Consciousness

It is quite easy to miss the mark. That's why it is a good thing to be provided with a navigation system. What is your current position between bliss and deepest desperation? Please mark your position roughly on a scale between 0 – 100. On this scale, which I call the scale of consciousness, you may also note how free or unfree your mind is. If you are mentally completely down, with absolutely no capability to reflect left, you are at zero point. I call this "nillity" because there is nil distance to one's own entanglement and distress. At the other end of the scale the situation is completely different. Here the mind is completely clear. You experience inner fulfilment. This point is called "fullity".

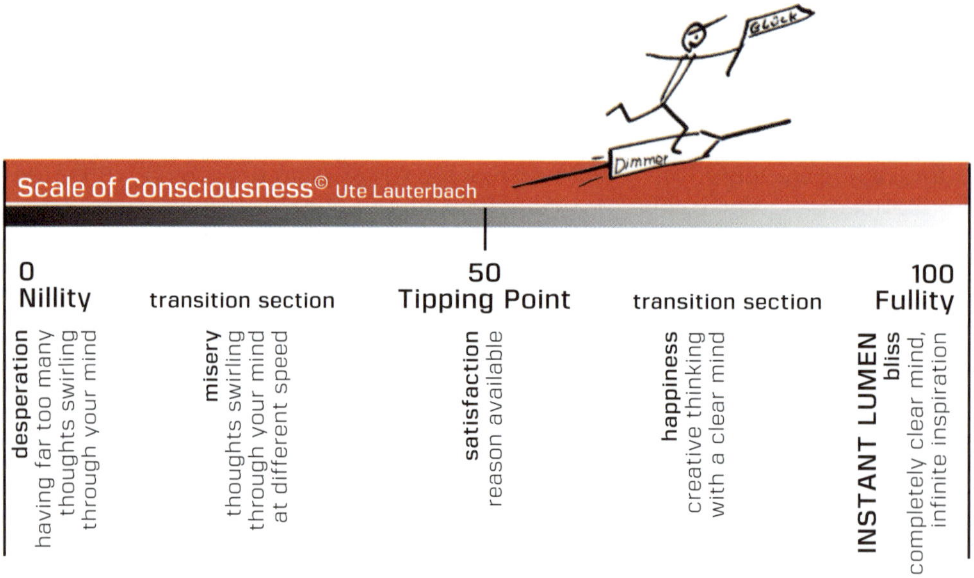

The scale as a universal measuring tool between nillity and fullity! Yes, and then there is another striking point – that is the tipping point in in the middle. This point we always experience strikingly, when losing our temper, when thoughts start swirling through our minds. For example when there is another fool not understanding that your so called "chaos" is actually an expression of your creativity, that is the moment when you might lose your temper and move on the scale from the tipping point towards nillity, that is when you get entangled, when you are reacting instead of acting. And that is the reason why you are more or less unhappy. The situation is different on the second transition section. There you are in control of your actions. You act freely and your mind is comparatively free, and this is why you are more or less happy.

And what exactly happens at the fullity point? This is not only a terminal point, it is also a point where something completely different sets in.

Perhaps it is there where enlightenment or utter inspiration occur. I call it "entering your consciousness" or "**INSTANT LUMEN**". And that is what it is all about.

What's it all about

Introduction and the leapless leap

Happiness means a clear and free mind. On our way towards happiness there are many possibilities to get lost. If we are lastingly successful with our search for happiness, we will not end up in some instable "happiness" dead end but with a liberated mind. Our successful arrival at our longed-for destination can be brought down to a common denominator, to ONE focus of insight: As we and all people at all times experience it, true meaning and blissfulness become obvious in the open vastness beyond disturbing thoughts, by pure awareness, in a flash of being, by **INSTANT LUMEN**. We are talking about a "peak of insight" of a different kind.

This peak is described in the quotations I have selected, and these quotations are stars in the sky of a philosophia perennis, an everlasting philosophy. May their light demonstrate that the essence of our striving, longing and our "spiritual arrival" is universal! May our longing be inspired, or may it even make the leapless leap!

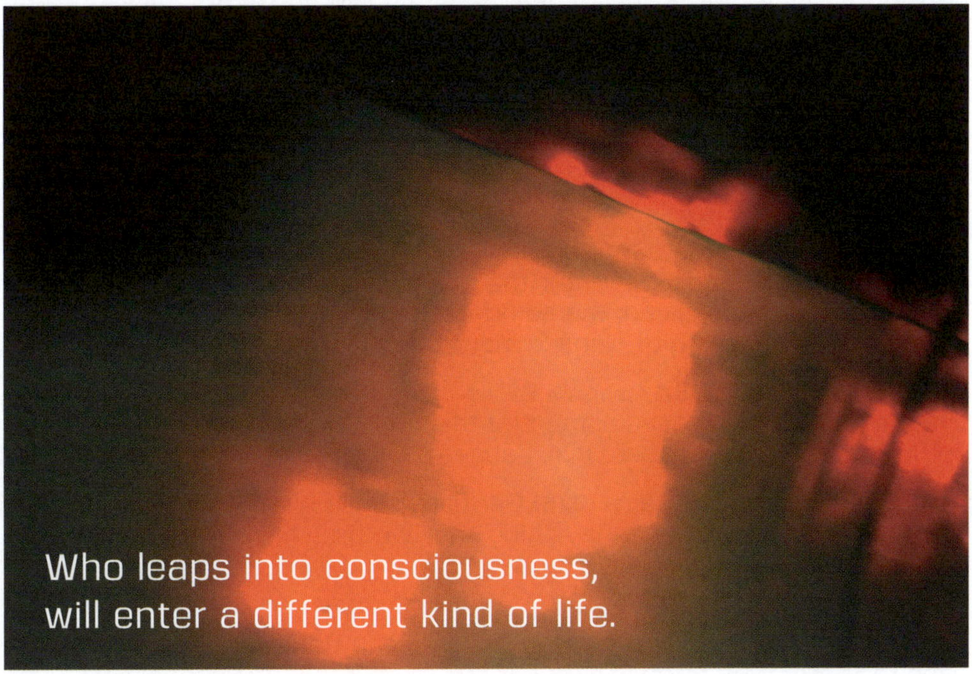

The wisdom quotations from world literature.

As a video you can find them here: www.instantlumen.com

Fredriksson, Marianne (* 1927; † 2007) Sweden, Leapless Leap 1
"Don't you consider life a challenge for your thoughts?"
"Not first of all ... rather, perhaps I consider it a question about the meaning behind my thoughts." ...
"But what would the road towards this look like ...?"
"I don't think there is a road ... This is a leap into the unknown, and it is about having the courage to jump into a dizzying abyss."

Heidegger, Martin (* 1889; † 1976) Germany, Leapless Leap 2
But how does such contemplation happen? By distancing ourselves from the attitude of concept-bound thinking. This detachment means plunging in the sense of leaping.

Suzuki, Daisetz Teitaro (* 1870; † 1966) Japan, Leapless Leap 3
If we ... want to see something that is worth knowing, that will lead us towards spiritual blissfulness, once and for all we must liberate ourselves from all conditions. We must try to take a new point of view from where the world in its entirety as well as life from the inside can be grasped. This consideration requires us to leap deep down into the abyss of the "nameless" ...

Cohen, Alan (* 1934) Great Britain, Leapless Leap 4
Being an expression of the one, endless being, we should refuse to identify with anything less. No excuses, postponements, justifications, mitigating circumstances, requests for extension or dogs having eaten the homework. Being is our task.

Karl Jaspers (* 1883; † 1969) Germany, Leapless Leap 5
Only by way of a leap ... we enter the ground on which to the subject side there is the encompassing, the being-itself of existence, and to the object side the encompassing of transcendence.

Wilber, Ken (* 1949) USA, Leapless Leap 6
... in the course of the development of the individual, when it has developed sufficiently, somewhere there may happen a sudden leap into the shapeless ...

Heidegger, Martin (* 1889; † 1976) Germany, Leapless Leap 7
A strange or even an uncanny thing that we first have to jump onto the ground on which we actually stand.

Iacocca, Lee (* 1924) USA, Leapless Leap 8
At some point one must dare the leap into the unknown. Firstly, because even the correct decision is wrong if it is made too late. Secondly, because in most cases there is no such thing as certainty.

Osho (* 1931; † 1990) Indien, Leapless Leap 9
But when we dare to jump from the surface into the centre, our identity disappears completely.

Taking off towards the Highest, Purest, Philosophical Joy

The peak of human insight at all times and in all cultures
What is the highest joy of life?

Chocolate, art, sex, intellectual flights, adventure, sports? Not at all, for what is demanded is not one but the highest, purest joy. Great intellectuals give this answer:
Awareness is *the* highest, purest joy of life. (Dehmel)

Why? Because it is self-sufficient. Because it simply allows us to dive into infinite being beyond all vulnerabilities and imaginations.
Perceptible as an intermission of the mind. Just awareness. **INSTANT LUMEN**. Total acceptance. Surrendering to vastness. Logging in into being:
The mind finds peace within itself in a state of awareness beyond thought. (Chopra)

Joy of a different kind. This is no ordinary permanent state. That is why Pessoa can write:
I become aware of being aware.

Now this is strange! Being in the need of achieving what is already there! What we are not aware of stays in the dark. Stubbornly we ignore awareness itself, although it is the stage and basic condition for all inner and outer phenomena. What a powerful feeling it is to really *realize* Pessoa's statement, by experiencing the stage itself instead of sticking with the actors.
Plato gives a hint at how this may be successful:
All learning is just shedding all ballast, until all that is left is something like bright, inner silence.

This joy of bright, inner silence is not completely unknown to us:
You know moments in your life when a thought completely disappears into silence, but still you are. (Jean Klein)

How real and credible is all this? Thoughts and emotions move through our experience. Our consciousness is their stage. Descartes says of the former:
The only immediately credible kind of reality is the reality of awareness itself.

And if furthermore we trust the insight of quantum physics, then even from a scientific point of view the immediately credible reality of consciousness is of higher rank than all outer phenomena. In fact: the spirit is superior to matter.
If consciousness or mind – in contrast to intellect and reason – are immediately experienced, we "enter" Ajahn Chah's words:
Directly looking at the mind is wisdom.

Remains the question of who is looking directly at the mind. Assisi gives an ingenious answer:
What you are looking for is that what is looking.

It is about the biggest move: from turning to the outside towards turning to the inside, from sticking to something towards letting go, from the worldly affairs towards being. What is demanded is the turn from being in captivity towards freedom:
Not dissolving into void nothingness, but rising in the vastness of wholeness. (Heidegger)

Or, to have it more simply: Not sticking to the unimportant but letting oneself go towards the infinite.
Nothing is more attainable for the mind than the infinite. (Novalis)

Focussing on the peak of human insight may

reveal the meaning of life – this is the demanding goal and intention of this project. Peaks of insight and wisdom from world literature which can be understood by anybody serve as the bridge to this goal. Furthermore, they allow for recognizing a destination point of evolution, which is currently already flaring up: The direction is into awareness – out of the swirling mental mess.

What we gain: no longer getting lost in tinkered happiness but finding ourselves at the longed-for destination. And, as we all know: Thinking flows more swiftly with a free mind!

The peak of insight in a nutshell:

(D) Das Abstreifen der Gedanken, ermöglicht die Einkehr ins reine Bewusstsein, in den freien Kopf, wo wir Glückseligkeit und eigentlichen Sinn erleben. Dieser Kopf-frei-Fokus spiegelt die Entfaltungsrichtung der menschlichen Entwicklung, der Evolution.

(GB) The peak of awareness happens in a state of pure consciousness, i.e. beyond thoughts. This blissful state is also the hallmark of our evolutionary development. And it is the playground of real happiness: Everybody prefers a state of not being harassed by thoughts.

(FR) La force de direction de l'évolution nous laisse aller vers le sommet de la conscience pure. C'est à dire ce sommet est inhérant à l'évolution. Sans focus pas d'évolution.

Hermann Hesse does not believe the step into the infinite, into wholeness, to be something mysterious. **Today, by happiness I mean something quite objective, namely wholeness itself, timeless being, the eternal music of the world ...**

Why do we not dare to go for the leap into timeless being, into the clear mind, into pure awareness, into fulfilled emptiness, into **INSTANT LUMEN**?
Many people are afraid of emptying their minds. They fear to fall into the emptiness, and they do not know that their own minds are this emptiness. (Huang-po)

If we leap into awareness itself – indeed onto the empty stage where there is no actor, that is no thought, no worry has entered yet – if we leap into this, we are one with the whole. To have it poetically, in the words of Byung-Chul Han, it sounds like this:
Emptiness empties the person looking into what he or she is looking at.

The same insight in other words:
The whole will only come when you settle in the void. (Osho)

Emptiness, the empty stage – the completely clear mind – this is also according to Tolstoi where you hear the music of life:
The essence of life is not in your body but in your consciousness.

The challenge is exclusively in the fact that we must really "enter" the mind instead of just theoretically speculating about it.
To know reality you cannot stand outside it and define it; you must enter it, be it, and feel it. (Alan Watts)

Of course! Entering it means letting go of oneself. Our always cherished and often stared at ego is a kind of glass partition blurring the view of the ego-free vastness.
The great efforts of the mystics always aimed at achieving that in their souls there was nothing left to say "me". (Simone Weil)

As soon as our fixation on the glass partition has been abandoned, our view will be free and different.
Who has seen with the eye of the spirit sees things invisible to others but connected to him- or herself. (Christa Wolf)

Let me summarize:

1. looking at our everyday lives: It is not about the debate if chocolate mousse is more pleasurable than entering one's own consciousness but about the fact that this chocolate mousse will really arrive at us only if we enjoy it with a clear mind instead of absently stuffing ourselves with it.

2. looking at a fulfilled life: The specter of transience is moving among us. That is why any delicious, "ordinary" joy suffers from a leak. For this reason alone it is worth the effort to place entering consciousness above all other joys, for the mind is outside the spook of transience.

3. looking at the highest joy itself: The joy account resulting already from the few quotations given above is clear: Peace, shining inner silence, wisdom, happiness, seeing things with different eyes, being liberated from the I-illusion! Thousands of quotations from all times, disciplines and cultures prove that highest joy, bliss, pleasure, a sense of meaning, are found by immersing in the spirit, by entering awareness itself. The many quotations of this project formulate the peak of human insight: the **INSTANT LUMEN**.

Getting ready for Take Off – your Coaching Compass

On the way to **INSTANT LUMEN** we come across 11 different accompanying phenomena of a free mind. You experience all of them when you are at the peak of human cognition.
These accompanying phenomena are like *clearings* in the thicket of everyday life.

They are called:

1. Longing
2. Symbolic versus intimate cognition
3. Pure cognition
4. Not doing, but dropping activity
5. It is already there
6. Oneness
7. How do we reach our destination?
8. Art as a means of touching the utmost
9. Exit ego
10. Boundary experience
11. Death as life?

Before the coaching, i.e. your own journey to a free mind, I enter these *clearings* with you and familiarize you with the accompanying phenomena.

- by questions as direction and idea givers
- by lightning introductions into the respective accompanying phenomenon
- through the core of this project, namely quotations from world literature, which prove that the summit of human cognition presented here has really always and everywhere been understood as such, that it is thus universal.

To get into the mood, you could first look at the cinematic presentation of the sentences of insight or you could read the sentences here. (To the films: **www.instantlumen.com**)

It is useful, but not necessary, that you stick to the above sequence, because the topics build a bit on each other.
And now you can get started.

And when you're done, it goes on. As always in life.

I wish you to become intimately familiar with **INSTANT LUMEN.** Because it gives you a happy, bright insight into yourself and life and it frees you completely from all painful psychological stuff and any thought carousel.

COME IN, PLEASE!

On the wings of longing you will fly better than under the pressure of obligations.

Let's enter the 1st clearing:

Longing

Some questions as signposts and idea generators:

- What are the different kinds of longing which we can distinguish?
- Given so many faces of longing, how do we get along?
- What characterizes the highest longing?
- *"Only those who know longing know how I suffer!"* To which category of longing does this quotation of Johann Wolfgang Goethe belong?
- What happens when longing is fulfilled?

Lightning start into this clearing

The light strips showing the way to the emergency exit say: Do not despair! There is a way out. Just follow these light strips. And what are the light strips in our souls? They are longing. For **longing** says quite clearly: "Away with all that boxes me in, give me vastness, the beautiful, the best, the highest! Dump the status quo! Let's go beyond ourselves!" Again and again we are driven by a feeling: "Now, this can't be all!" For example, you are longing for being intimately one with your darling. What exactly crosses the finish line when this longing has been fulfilled? It is a fact that the fulfilment of many desires does not take us to the end of longing. When entering consciousness, however, we are jubilant with a joy answering all longing. We are heading for a longing beyond longing.

Yes, indeed, longing may take the wrong turn. Then it will get stuck in addiction. Also addiction promises liberation from the status quo, but in the long run it does not keep its promise, for it will give us an ever more unpleasant non-fulfilment of what we are really longing for: that is forgetting ourselves, dedicating ourselves, going beyond ourselves. By desperate craving we miss the way towards our inside. And where do we end up if abandoning ourselves to this extraordinary great longing?

This is what the following sentences are about.

The Core

The insight quotations from world literature

Pessoa, Fernando (* 1888; † 1935) Portugal, Longing 1
I am an undetermined longing, not for the past, not for the future: I am a longing for the presence, nameless, incessant, not understood.

Lasker-Schüler, Else (* 1869; † 1945) Germany, Longing 2
Now come,
You sweet God,
You playmate God,
Your gate's gold will melt from my longing.

Nietzsche, Friedrich (* 1844; † 1900) Germany, Longing 3
I love those great scorners, because they are the great adorers and arrows of longing for the far shore.

Khan, Vilayat Inayat (* 1916; † 2004) Great Britain, Longing 4
Each atom, each planet longs for being awakened. Not only you – the whole universe longs for waking up!

Novalis (* 1772; † 1802) Germany, Longing 5
There is eternal youth, a longing which lasts forever, because in all eternity it is never fulfilled, ... so that it won't die, for in the depth of its heart it is longing for itself.

Rilke, Rainer Maria (* 1875; † 1926) Austria-Hungary, Longing 6
Who wants to say what is? Who wants to insult things by saying what they are worth? I can imagine only one kind of longing which wanders through the world in a state of amazement.

Friedrich von Schiller (* 1759; † 1805) Germany, Longing 7
The magical sense of life as a constant state - that would be a goal in life! Incessantly feeling charmed by life: What a tightrope walk. What a fascinating gamble for happiness and beauty. A true pastime offering the prospect of eternity ...

Catarina da Siena (* 1347; † 1380) Italy, Longing 8
On our way towards heaven there is heaven.

Weber, Andreas (* 1967) Germany, Longing 9
More than anywhere else, it reveals itself by simple being: A force permeates the world, urging for existence, and therewith for individuation and self-awareness.

Schneider, Romy (* 1938; † 1982) Austria, Longing 10
Longing for what?
This was no urgent question for her. That longing was, that was what counted.

Corbineau-Hoffmann, Angelika (* 1958) Germany, Longing 11
For Schlegel, "almost everything spiritually beautiful and great" comes from longing, and even philosophy could be "called the doctrine of longing or the science of longing".

Novalis (* 1772; † 1802) Germany, Longing 12
The highest is the most comprehensible, the closest, the most indispensable. Only by not knowing ourselves, by withdrawal from ourselves there develops a kind of incomprehensibility which is itself incomprehensible.

Thibaut, Stéphane (* 1950) France, Longing 13
What is inner revolution? It is absolute longing turned towards the inside, not the outside.

Weber, Andreas (* 1967) Germany, Longing 14
The crucial is in the unachievable, in longing.

Saint-Exupéry, Antoine de (* 1900; † 1944) France, Longing 15
If you want to build a ship, do not muster men to get wood, to distribute tasks and work, but teach them longing for the wide, endless sea.

Wordsworth, William (* 1770; † 1850) Great Britain, Longing 16
... great the joy I felt
With every form of creature, as it looked
Towards the Uncreated with a countenance
Of adoration, with an eye of love.

Marcel Proust (* 1871; † 1922) France, Longing 17
Do not wait for life. Do not long for it. Be aware, always and at every moment that the miracle is in the here and now.

von Armin, Bettina (* 1785; † 1859) Germany, Longing 18
Who longs for light is not without brightness, for longing itself is light.

Here you can experience the audio-visual representation of these insight quotations: **www.instantlumen.com**

The coaching: the journey of longing

Off we go! We will start by means of inspirations for self-exploration, exercises and other refinements – all to enable us to navigate well towards INSTANT LUMEN.
If you're more committed to yourself in writing or speaking, it's worth jotting down your answers or anchoring them by means of voice memos. The grey bar shows you where your answers are needed.

FIRST OF ALL: Self-discovery = separating wheat from chaff

Longing has many faces. This is why you may now separate wheat from chaff, by **on the one hand** considering or writing down which kinds of longing have led you into dead ends

and **on the other hand** you may consider which kinds of longing have taken you beyond yourself, even if they were not fulfilled.

QUESTION 1: Of which kind is your chaff?
For example, is it languishing longing, unfulfilled or insufficiently fulfilled desire, yearnings, certain longings/desires looking for fulfillment in the outer world?

QUESTION 2: What exactly determines the direction of your longing?
For example, fears of abandonment, a lack of being a parent to yourself, a feeling of coming off badly, lacking security, withdrawal of affection, meaninglessness, weariness ...?

MAIN QUESTION, to be answered spontaneously, please:
Which longing shall be fulfilled for you?

NEXT STEP: Coming on track

Envision exactly what it feels like when you are languishing in dependent longing, and what it feels like when you are longing for your best, most beautiful possibilities. What does essential longing feel like?

QUESTIONS: What kind of longing do you want to maintain?
Which kind do you want to run along with in liberated better knowledge, or which do you want to come second, even last?

EXERCISE 1: Write down some of your longings which you will be able to concretely pursue in the next three days. For example, the longing for peace in your personal environment. To whom, for example, could you make offers, whom could you address by words or gestures, to find more peace within yourself?

EXERCISE 2: Make experiments and allow yourself to fall into longing itself, however not into that what you are longing for. Feel the difference.

THE MOTTO: Better pursue your longing than serve your daily grind!

BEARING IN MIND these sentences: Self-preservation is only possible by way of self-enhancement. Only who knows true longing knows that I do not suffer.

FEEDBACK to yourself and from yourself: How easy is it for you to distinguish nourishing from consuming desire? When do you experience which one of them?

SPECIAL QUESTION: Are you embarrassed by yourself when in the grasp either of languishing or ecstatic longing?

FINAL STEP: Your take off

VERY DEEP longing happens when we are on the threshold of entering consciousness. Are you able to surrender yourself to the pull of this peak?
Or to which highest could you longingly entrust yourself?
What is your hit, your wrong track? Write down both.

KOAN: Where are you when lost in longing?

ESSENTIAL QUESTION: Where would the world end up if we gave up on longing beyond ourselves?

Sharing

This adventure of insight is about nothing less than the realization of the human and "superhuman" best and highest. When entering consciousness itself we leave our trained personality behind and strip ourselves off our standard setting. That is why this state is devoid of all individual features. Furthermore, this means that all humans make this experience in the same or a similar way, each according to depth/height. To share this experience is a celebration of being connected. You may celebrate it here „www.instantlumen.com/sharing", by describing how you *feel* **when floating in longing**. Describe only your experience. Refrain from all interpretations and stories.

COME IN, PLEASE!

To *have* thoughts or to *be* aware - that is THE switch-setter to meaning. In the starting chapter you have already been introduced to the core idea of this clearing.

Let's enter the 2nd clearing:

Symbolic vs. Intimate Cognition

Some questions as signposts and idea generators:

- What exactly is the difference between intimate and symbolic cognition?
- In how far does the scale of consciousness explain the distinction between intimate and symbolic cognition?
- What is the difference between dozing and intimate cognition?
- Are **INSTANT LUMEN**, fullity and intimate cognition the same?

Lightning start into this clearing

Now we talk about the peak of human insight. Well, that's something! A peak cannot be surpassed. Do we have to make a gigantic pull-up? How can we claim this peak, as indeed we are getting smarter and smarter. Or are we not? Is the failure of this project in sight? Not at all! Let us distinguish between symbolic and intimate cognition, between imagining and non-imagining thinking, between the map and the country. What would you rather eat? The menu or the meal? Right! Thus, entering the mind directly corresponds to a different way of "thinking". And there is the peak. Not different thoughts, but thinking itself so to speak dies in non-imagining, immediate, intimate cognition. However, not non-thinking is the subject, for it has no subject at all but dives underneath all thoughts towards itself, and this in such an elegant way that this self as a whole, as something we are aware of, disappears – or, to put it even more precisely: it realizes that it exists intimately close to itself as pure awareness, as conscious being. All of us know this state: the fulfilled, blissful intermission in your mind.

On the scale of consciousness you will find the different qualities of thinking and experiencing.

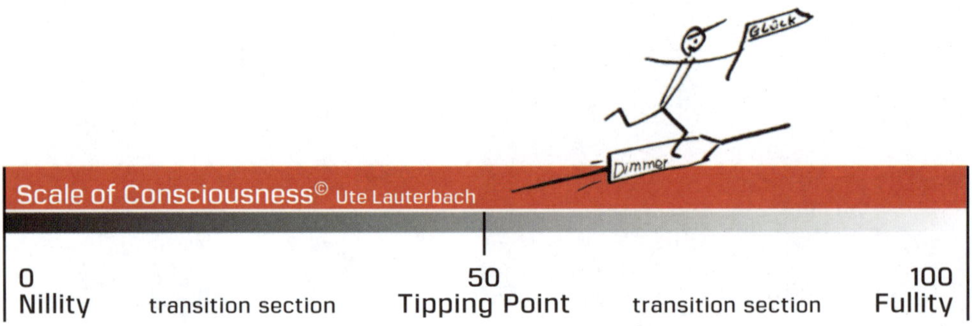

At the fullity point we experience the blissful intermission in our mind. **INSTANT LUMEN!**

And, looking at the other qualities of cognition: At nillity we "see" what is not at all, this means total projection. Just look at any jealous person, and you will know what I am talking about. And from the tipping point on, our thinking is real and acts as symbolic, analytic, so called "normal" cognition. This is what we need everywhere. For research, for changing tires etc. And at the fullity point there happens the leap to another dimension of cognition. Intimate cognition appears, as entering consciousness, as immersing into the spirit, as **INSTANT LUMEN.**

And this crucial difference – between symbolic and intimate cognition – has been expressed again and again, by many people at all times, coming from different cultures and belonging to different disciplines. And that is what makes the here presented project universal.

THE CORE

The insight quotations from world literature

Stannus Gray, Terence James (* 1895; † 1986) Great Britain, symbolic/intimate 1
Thus, what could, indeed must be incomprehensible? Only the understanding self is incomprehensible, for while understanding it is not capable of understanding itself.

Wilber, Ken (* 1949) USA, symbolic/intimate 2
... we are capable of recognizing the SPIRIT only and exclusively by recognizing that we are ourselves SPIRIT.

Caird, John (* 1820; † 1898) Great Britain, symbolic/intimate 3
... that which I cannot think away is thought itself or self-consciousness itself, in its independence and absoluteness.

Kühlewind, Georg (* 1924; † 2006) Hungary, symbolic/intimate 4
This inherent illumination of the act of insight itself, the non-forgetting of cognition behind the recognized, the source of insight not staying hidden, is at the same time the experience of living thinking and the true self which alone is capable of this experience.

Master Jôshû Jûshin (* 788; † 897) Japan, symbolic/intimate 5
Somebody asked: "What is enlightenment?"
Jôshu answered: "That is when the first thought has not yet appeared."

Fichte, Johann Gottlieb (* 1762; † 1814) Germany, symbolic/intimate 6
Imagine a wall. Now imagine who or what the wall imagines. Now, only who is aware of this again ...

Parsons, Tony (* 1953) Great Britain, symbolic/intimate 7
Suddenly, there seems to be a shift and an impersonal realization that this is already wholeness. The boundless, innocent, free-floating and wonderful simplicity of beingness is already all there is ...

Caird, John (* 1820; † 1898) Great Britain, symbolic/intimate 8
The very first pulsation of spiritual life, when we rightly apprehend its significance, is the indication that the division between Spirit and its object has vanished.

Wilber, Ken (* 1949) USA, symbolic/intimate 9
I am not in the universe, but the universe is in my consciousness. That is why it is consciousness that counts.

Ramakrishna (* 1836; † 1886) India, symbolic/intimate 10
Do you know the true meaning of the word Buddha? It means that by way of constantly considering awareness one becomes awareness itself.

From the Upanishads: (700 - 200 BC) symbolic/intimate 11
Who is living within insight –, yet is different from insight –, whom insight does not know ... HE is your SELF ... your immortal.
Not what reason thinks but what makes reason think –

Aquin, Thomas von (* 1225; † 1274) Italy, symbolic/intimate 12
Cognition happens in so far as the recognized object is already within that what is gaining cognition.

Fen-Yang, Meister (* 947; † 1024) China, symbolic/intimate 13
Not even a thousand holy scriptures
will help you out of infatuation and doubt.
If, however, you start understanding,
already one word is too much.

Buddha (* 420; † about 368 BC) India, symbolic/intimate 14
Not insight but realization is true religion.

Aristoteles (* 384; † 322 BC) Greece, symbolic/intimate 15
Thought as such, however, aims at the best as such, highest thought aims at the highest. That is why absolute reason, by grasping the thinkable as such, thinks itself.

Fürst, Walter (* 1940), Germany, symbolic/intimate 16
We call it thought or awareness – as a matter of fact we are sitting at the shores of our inwardness or walk up and down while watching the surf. What the waves are telling us we do not understand, however we are by far satisfied with how they say it.

Hohl, Ludwig (* 1904; † 1980) Switzerland, symbolic/intimate 17
Some do not know anything. Others do not understand what they know. Otherwise the stars would be talking. – And also everything else.

Goethe, Johann Wolfgang von (* 1749; † 1832) Germany, symbolisch/intim 18
Recognize yourself! – What is that supposed to mean?
It means: just be and also be not!

Safranski, Rüdiger (* 1945) Germany, symbolic/intimate 19
It would all be easier if consciousness were just conscious being.

Kühlewind, Georg (* 1924; † 2006) Hungary, symbolic/intimate 20
The I does not assert itself, indeed it does not recognize itself (who would be supposed to recognize whom?), it just *is*. Awareness and being are one within it. It is absolute calmness while at the same time greatest activity.

Here you can experience the audio-visual representation of these insight quotations: **www.instantlumen.com**

The coaching, our journey to real insight

Off we go! We will start by means of inspirations for self-exploration, exercises and other refinements – all to enable us to navigate well towards INSTANT LUMEN.
If you're more committed to yourself in writing or speaking, it's worth jotting down your answers or anchoring them by means of voice memos. The grey bar shows you where your answers are needed.

FIRST OF ALL: Self-exploration = separating wheat from chaff

Symbolic cognition and thought have to do with everything going through our minds. This is the chaff. Intimate cognition happens when our mind is completely clear. Therefore, dear reader, you may now separate wheat from chaff, by **on the one hand** considering or writing down the nature of your thoughts. We may distinguish two categories of chaff:

1. Constructively thinking forward. For example, what do I do when and how? How could the problem, the task, be solved? That is the good chaff.
2. The automatic swirling around of thoughts in your mind, spinning around and around. That is the unpleasant chaff.

And **on the other hand** there is this overwhelmingly beautiful intermission in our mind if, for example, we lose ourselves completely in beauty. Write down when you have experienced such moments of wonderful non-thinking.

QUESTION 1: Of which kind is your chaff?
For example, are you rather plagued by the merry-go-round of your thoughts, or are your thoughts, rather soberly, oriented at working and solving tasks, or are they quite freely chosen, enthusiastic and rejoice in creative expression? To which percentage do you experience which?

QUESTION 2: How whole-hearted is your attitude towards your good chaff? Which needs are behind the thoughts swirling around in your mind? Which situation triggers them off? For example, injustice, neglect of yourself as a person, jealousy or, or ...

MAIN QUESTIONS, to be answered spontaneously:
Are you ready to completely give up on the thoughts swirling around in your mind? Who or what keeps you from doing so?

NEXT STEP: Coming on track

Visualize exactly what it feels like when ...

1. unwanted thoughts possess you,
2. you have constructive and creative thoughts,
3. you experience life with a completely clear mind.

QUESTIONS: How can you change from the unpleasant chaff, from involuntary thoughts to constructive thinking? How could you interrupt your thought carousel? What would you prefer to think?

EXERCISE 1: Write down a concrete action plan with which you could react to the need behind your unwanted thoughts. Pursue these actions over the next three days.

EXERCISE 2: Experiment with looking at everything as if you saw it for the first time. This also concerns people very close to you. Also for three days, and then just for the rest of your life.

THE MOTTO: Thinking is better than tormenting yourself with involuntary thoughts!

BEARING IN MIND the sentence: The clearer the mind, the more joy of life.

FEEDBACK to yourself and from yourself: How easy is it for you to, firstly, drop those cumbersome thoughts and, secondly, surrendering yourself to the empty space behind your thoughts?

SPECIAL QUESTION: What is more normal – a clear mind or thoughts rotating on your inner home screen?

FINAL STEP: Your take off

IN THE REALLY LARGE-SCALE intimate cognition the individual thoughts melt, to become immediate thinking and pure experiencing. In your case, what are the most frequent triggers of this state? Write down your hit!

KOAN: Where are *you* when your mind is completely clear?

ESSENTIAL QUESTION: How meaningful would be the lives of us all if we made intimate cognition with a clear mind No. 1 of our thoughts and wishes?

Sharing

This adventure of insight is about nothing less than the realization of the human and "superhuman" best and highest. When entering consciousness itself we leave our trained personality behind and strip ourselves off our standard setting. That is why this state is devoid of all individual features. Furthermore, this means that all humans make this experience in the same or a similar way, each according to depth/height. To share this experience is a celebration of being connected. You may celebrate it here „www.instantlumen.com/sharing", by describing how you *feel* when, **by intimate cognition**, that is by immediate experience, you realize the abundance of nothingness. Describe only your experience. Refrain from all interpretations and stories.

COME IN, PLEASE!

When you are in complete presence of mind thinking is clearer and faster than it could ever be in your best ordinary way of thinking. Ask Einstein!

Let's enter the 3rd clearing:

Pure Cognition

Some questions as signposts and idea generators:

- What is meant by pure cognition? Is there also impure cognition?
- How can we be sure that we are in a state of pure cognition?
- What is the difference between insight and realization?
- What precisely is so called evidence?
- How can we tell that we do not fool ourselves? Or that others do not fool us?

Lightning start into this clearing

Just try it: enter consciousness. Consciousness directly. You will land in pure cognition. It is the experience of being at the peak of insight. Trying to describe this by way of language is a challenge, for language is always symbolic and always indirect and relative, whereas experience is intimate, direct, absolute. Once again this is the difference between intimate and symbolic cognition. By pure cognition, by instant being-aware, perception does not disappear but rises. Exactly! That is the leap happening at the fullity point of the scale of consciousness.

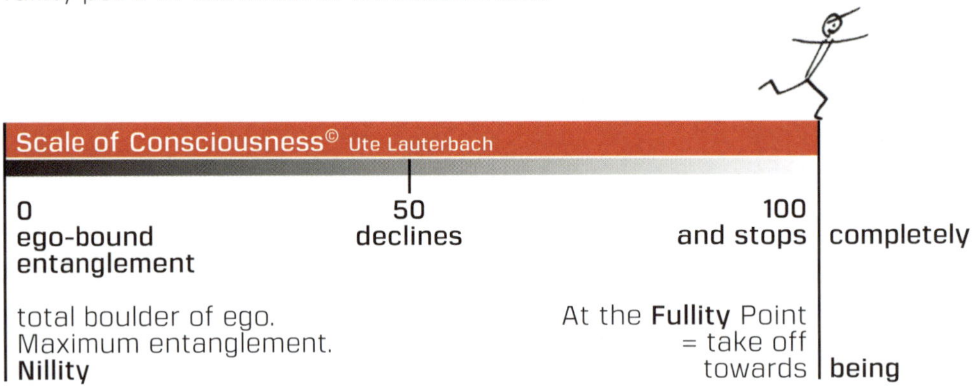

The successful leap makes us jump from outward-spun, impure brain idling to inward-directed, pure cognition.

The following sentences testify this.

THE CORE

The insight quotations from world literature

Schopenhauer, Arthur (* 1788; † 1860) Germany, pure cognition 1
At the moment when, having broken away from desire, we have surrendered ourselves to pure, unintentional cognition, at the same time we have so to speak entered another world where everything by which our desire is moved and has thus shaken us so severely is no longer there.

Eudenbach, Wilma (* 1959) Germany, pure cognition 2
Where awareness rises, the most beautiful rose is blossoming.

Maharishi, Ramana (* 1879; † 1950) India, pure cognition 3
As the self, which is pure awareness, recognizes everything, it is the Highest Seer.

Rumi (* 1207; † 1273) India, pure cognition 4
Only from the heart can you touch the sky.

Ryokan (* 1758; † 1831) Japan, pure cognition 5
From the eaves it is dripping and dripping.
Perfect this moment.
In this unmeasurable emptiness
My understanding becomes deeper.

Lauterbach, Ute (* 1955) Germany, pure cognition 6
What is in a clear mind? In a clear mind there is only awareness. Pure awareness is nothing, is everything, is blissfulness.

Haas, William S. (* 1883; † 1956) Germany, pure cognition 7
The spirit encounters itself like in a mirror and recognizes itself there. Thus, what the spirit will learn after all is that it can only recognize itself.

Laotse (about 6th century BC) China, pure cognition 8
Recognizing others is wise. Recognizing oneself is enlightenment.

Sartre, Jean Paul (* 1905; † 1980) France, pure cognition 9
Consciousness is that what it is not, and not that what it is.

Spira, Rupert (* 1960) Great Britain, pure cognition 10
Consciousness attending to Consciousness is the pure 'I am'.

Dōgen, Eihei (* 1200; † 1253) Japan, pure cognition 11
When seeing by our whole body and mind, when hearing sounds by the whole body and mind, we will immediately understand.

Hebbel, Christian Friedrich (* 1813; † 1863) Germany, pure cognition 12
There is nothing that the mind can think up completely, and so we are lights that actually only illuminate themselves.

Arendt, Hannah (* 1906; † 1975) USA, pure cognition 13
... that the end and goal of all philosophizing is supposed, again, to be a state of speechlessness, an intuition for which there are no words.

Kühlewind, Georg (* 1924; † 2006) Hungary, pure cognition 14
The final goal of concentration is contemplation, the realization of a self which experiences its own thought activity.

Bodhidharma (* about 440; † about 528) India, pure cognition 15
Your mind is Nirvana.

Huineng (* 638; † 713) China, pure cognition 16
There is nothing true anywhere,
The True is nowhere to be found.
If you say you see the True,
This seeing is not the true one.
When the True is left to itself,
There is nothing false in it, for it is Mind itself.
When Mind in itself is not liberated from the false,
There is nothing true; nowhere is the True to be found.

Merleau-Ponty, Maurice (* 1908; † 1961) France, pure cognition 17
The true nature of seeing is being the surface of an inexhaustible depth: this way it gains access to a way of seeing which is different from its own.

Rumi (* 1207; † 1273) India, pure cognition 18
Beyond our ideas of right and wrong there is a place – I will meet you there.

Nisargadatta, Maharaj (* 1897 ; † 1981) India, pure cognition 19
Consciousness is the vibrating of being.

Massaro, Bentinho (* 1987) Netherlands, pure cognition 20
There is no reality outside of consciousness.

Here you can experience the audio-visual representation of these insight quotations: **www.instantlumen.com**

The coaching, your take off to pure cognition

Off we go! We will start by means of inspirations for self-exploration, exercises and other refinements – all to enable us to navigate well towards INSTANT LUMEN.
If you're more committed to yourself in writing or speaking, it's worth jotting down your answers or anchoring them by means of voice memos. The grey bar shows you where your answers are needed.

FIRST OF ALL: Self-discovery = separating wheat from chaff

Pure cognition happens when for seconds or even longer our mind is clear. This is a state of having completely dropped all questions; a state in which everything becomes obvious and illuminated by meaningful clarity and evidence. **INSTANT LUMEN** indeed! Now you are able to separate wheat from chaff, by on the one hand considering or writing down in which situations you are attacked by a feeling of meaninglessness. When you are plagued by doubt and both world and life seem to be alien and far away

and **on the other hand** there are moments when we are flooded by a thousand evidences, when everything looks meaningful and true. When do you experience this?

QUESTION 1: Of which kind is your chaff?
For example, moods of meaninglessness, life as a dead end, emigration to worlds of make-belief, addictions, bottomlessness, fears or, or ...

QUESTION 2: What is behind the feeling of meaninglessness?
For example, a lack of trust, heteronomy, that life runs in the shadow of limitedness, or, or ...

MAIN QUESTION, to be answered spontaneously, please:
If you could decide about the question of the meaning of life, would you decide for meaning or for zero meaning?
Why?

NEXT STEP: Coming on track

Realize exactly what it feels like when you are meaningfully at home in the cosmic order instead of drowning in chaos.

QUESTIONS: Are you repelled by people who are convinced of meaning, or are you attracted by them? Or more precisely: By whom are you repelled, by whom are you attracted? What is the difference between them?

EXERCISE 1: Write down when you have experienced meaning and consider how you could invite these experiences in the coming three days.

EXERCISE 2: Spend three days of experimenting with doing a favor to somebody you do not know, with smiling at somebody or with actually giving a gift to somebody. And do the same three times a day with somebody you know. Be perfectly aware of what you feel. Do you want to get something in return? Do you feel unauthentic? Do you serve a compulsive need for harmony? Do you simply enjoy a feeling of being ever more connected with others?

THE MOTTO: Better indulging in nonsense and playfully dealing with chaos than being crushed by the question of meaning!

BEARING IN MIND the sentence: Wholehearted loving answers the question of meaning and is a catwalk towards true cognition.

FEEDBACK to yourself and from yourself: How easy is it for you to do these exercises on meaning? What do you experience in the process?

SPECIAL QUESTION: Do you *want* to love without being told to?

FINAL STEP: Your take off

REALLY OVERWHELMING, pure cognition will receive you with open arms if your thinking is not attached to anything. When are you preferably received in this way?
Write down your hit.

KOAN: If nothing makes sense, what makes sense then?

ESSENTIAL QUESTION: How meaningful would our lives be if we persisted in the attitude of meaninglessness "to be on the safe side"?

Sharing

This adventure of insight is about nothing less than the realization of the human and "superhuman" best and highest. When entering consciousness itself we leave our trained personality behind and strip ourselves off our standard setting. That is why this state is devoid of all individual features. Furthermore, this means that all humans make this experience in the same or a similar way, each according to depth/height. To share this experience is a celebration of being connected. You may celebrate it here „www.instantlumen.com/sharing", by describing how you *feel* when experiencing **true cognition**. Describe only your experience. Refrain from all interpretations and stories.

COME IN, PLEASE!

Now it's getting comfortable.

Let's enter the 4th clearing:

Not Doing, but Dropping Activity

Some questions as signposts and idea generators:

- What is the nature of doing in the case of dropping activity?
- Being rather performance-oriented doers, do we have to completely change our way of thinking for this kind of non-doing?
- Where do we start?
- Is it not that "activity as dropping" requires that what it is meant to achieve?
- And what happens if nothing else happens?

Lightning start into this clearing

When **INSTANT LUMEN** flares up, when entering our consciousness, the momentarily accessible peak of insight, that is being, that is the infinite, becomes experiencable instead of only conceivable. The word "entering" implies that we can actively do this pure seeing. That is you are in, and then you furthermore enter. However, this is only indirectly correct: Our "activity" is rather a kind of passive implementation. It consists of unlearning, of giving up on something, of letting go, of not-wanting, of clearing away ... but not of pro-active digging. Indeed this is what we find difficult. But just leave it. Entering will finally happen when we do not identify with details but, by serene detachment, surrender ourselves to wholeness. Relax, don't struggle!

What about dropping and giving up on things when reading and experiencing the following less-is-more sentences?

THE CORE

The insight quotations from world literature

Kafka, Franz (* 1883; † 1924) Czechia, Not Doing, but Dropping Activity 1
You need not leave your room.
Stay sitting at your table and listen.
You need not even listen, just wait and see.
You need not even wait, just learn how to be calm and silent and on your own.
The world will open-handedly present itself to you, to be unmasked. It cannot help it, it will wallow at your feet in ecstasy.

Rumi (* 1207; † 1273) India, Not Doing, but Dropping Activity 2
How do we achieve true awareness?
By giving up on knowledge.

Eckehart, Meister (* 1260; † 1328) Germany, Not Doing, but Dropping Activity 3
We see much, however we are really seeing only after having blown out the lights of confusion and the one, clear, great light is shining in the soul.

Musil, Robert (* 1880; † 1942) Austria, Not Doing, but Dropping Activity 4
Everything that forms the walls of our lives, so to speak the scenery of our mind, loses the capability of playing a role for this mind.

Beck, Charlotte Joko (* 1917; † 2011) USA, Not Doing, but Dropping Activity 5
The enlightened state does not mean *having* an experience; it is the absence of any experience. Enlightenment is pure experiencing.

Verdier, Fabienne (* 1962) France, Not Doing, but Dropping Activity 6
Forget, forget, and <quite suddenly> your mind will understand for you.

Krishnamurti (* 1895; † 1986) India, Not Doing, but Dropping Activity 7
A mind which has not been crippled by remembrance is really free.

Maharishi, Ramana (* 1879; † 1950) India, Not Doing, but Dropping Activity 8
Disciple: How can I control my thoughts?
Master: When the self has been realized, there are no thoughts to be controlled. There is only contemplation.

Zen saying, Not Doing, but Dropping Activity 9
If you want to pass through this gate, do not give rise to thinking.

Sosan (* about 510; † about 606) China, Not Doing, but Dropping Activity 10
The more you speak about and brood on it, the farther away from truth you get. Stop speaking and thinking; then there will be nothing you may not know.

Stannus Gray, Terence James (* 1895; † 1986) Great Britain,
Not Doing, but Dropping Activity 11
Emptiness is that what you cannot see when looking for an I which is not there. Why? Because it is that what is looking.

Kornfield, Jack (* 1945) USA, Not Doing, but Dropping Activity 12
As soon as thorough attention distinguishes actual presence from the waterfall of thoughts, the world becomes obvious in radiant beauty.

Rinpoche (* 1940) Tibet, Not Doing, but Dropping Activity 13
As soon as there is no attachment anymore, the mind abandons all its confusion.

Verdier, Fabienne (* 1962) France, Not Doing, but Dropping Activity 14
The goal is to become aware without being aware of something – to create emptiness within oneself.

Aurobindo (* 1872; † 1950) India, Not Doing, but Dropping Activity 15
Awareness is joy. If one has cleared the mind of the thousands of spiritual, vital and material vibrations which suck it in, one will discover joy.

Chödrön, Pema (* 1936) USA, Not Doing, but Dropping Activity 16
... let the story line go and connect with the underlying energy ...

Huang-po (* 770; † 850) China, Not Doing, but Dropping Activity 17
However suddenly becoming aware that your own mind is Buddha and that there is nothing to achieve, that not one act must be performed, that is the highest way.

Eckehart, Meister (* 1260; † 1328) Germany, Not Doing, but Dropping Activity 18
Become aware of yourself, and where you find yourself, let go of yourself. That is the very best.

Reps, Paul (* 1895; † 1990) USA, Not Doing, but Dropping Activity 19
Oh my love, direct your attention neither on pleasure nor on pain but in-between them.

Here you can experience the audio-visual representation of these insight quotations: **www.instantlumen.com**

The coaching, get on the road to dropping

Off we go! We will start by means of inspirations for self-exploration, exercises and other refinements – all to enable us to navigate well towards INSTANT LUMEN.
If you're more committed to yourself in writing or speaking, it's worth jotting down your answers or anchoring them by means of voice memos. The grey bar shows you where your answers are needed.

FIRST OF ALL: Self-discovery = separating wheat from chaff

Activity as dropping opens up a space and does not require any efforts. That is why you may now separate wheat from chaff, by **on the one hand** considering or writing down which activities are unpleasant efforts for you because they meet inner or outer resistance

and **on the other hand** which activities happen most easily because you are driven by joy and enthusiasm.

QUESTION 1: Of which kind is your chaff?
For example, perfectionism, manic drive to achieve, exaggerated keenness to achieve results, feeling the need to be everybody's darling or, or ...

QUESTION 2: What is behind your performance efforts?
For example, fear of a loss of love, worries about poverty, insufficient self-esteem or, or ...

MAIN QUESTION, to be answered spontaneously, please:
How would you like to live?

NEXT STEP: Coming on track

Visualize exactly what it feels like when you drop any kind of effort.

QUESTIONS: How could you achieve (even more) liberation from effort? What will you then do preferably? What will you reduce? What will you simply drop?

EXERCISE 1: Write down one or a few concrete activities allowing you to drop something and practice them over the next three days.

EXERCISE 2: Experiment with your speed: double the speed, half the speed with everything you are doing or not doing.

THE MOTTO: Always along relaxed nothingness, along easiness, along sighing with relief ...

BEARING IN MIND the sentence: By true idleness nothing will be left undone.

FEEDBACK to yourself and from yourself: How easy is it for you to act without effort? What have you experienced?

SPECIAL QUESTION: How difficult is it for you to get used to yourself?

FINAL STEP: Your take off

LARGE-SCALE dropping or actionless doing lingers one step behind any activity, is slightly excited about what is going to happen, allows action just to happen on its own accord, i.e. not forcing it in any way. "Doing" out of spontaneity, the moment, the heart – not with intent, not out of inherent necessity, not out of ... but ... what is your hit?

KOAN: What exactly are you doing when doing really nothing?

ALL YOU NEED IS LESS.

ESSENTIAL QUESTION: How meaningful would all our lives be if we abandoned ourselves to essential activity, to the love of activity instead of burning ourselves out by unpleasant effort?

Sharing

This adventure of insight is about nothing less than the realization of the human and "superhuman" best and highest. When entering consciousness itself we leave our trained personality behind and strip ourselves off our standard setting. That is why this state is devoid of all individual features. Furthermore, this means that all humans make this experience in the same or a similar way, each according to depth/height. To share this experience is a celebration of being connected. You may celebrate it here „www.instantlumen.com/sharing", by describing how you *feel* when **flourishing in dropping**. Describe only your experience. Leave out all interpretations and stories.

COME IN, PLEASE!

All clearings only allow the sight of what is always there.

Let's enter the 5th clearing:

It is already there

Some questions as signposts and idea generators:

- What exactly is "It"?
- In how far is It already there?
- And where is It?
- Is this It the meaning of life?
- Why are we looking for something that is already there?
- Are we playing hide and seek with ourselves?

Lightning start into this clearing

Everything is already there. Now this is really strange – how could it be that we enter something when we are already inside it? That is, you want to get in, but you are already inside. After all, we are already provided with the consciousness we are supposed to enter. By which paradox are we fooled?

It is always the same: As soon as we imagine consciousness as a place, as an entity, as something which is separate from us, it is obvious to believe that we still have to reach it. And this distance is our permanent condition whenever we block conscious being by symbolic thought. Then we are somewhat in the situation of a fish swimming in the sea and longing for water. This distance which prevents all entering is nothing else than non-realizing that we are already there where we want to go. Here! Here you are: wanting! This word is perfect proof that we do not understand that our arrival will neither be in the future nor any place. By wanting I want, yes indeed, to go somewhere, however I am already there.

After all, we would not even be capable of thinking or perceiving the most simple things if we had not already reached our destination. No thought without consciousness. Consciousness is more fundamental. Seen from this fundamental perspective, we know that everything is already there and there is nothing to achieve.

Or, take the term **INSTANT LUMEN**! "Instant" means "on the spot, at once, handy, requiring only little effort", and "Lumen" means "light, spirit, a clearing in the junk of thoughts". In case of "Lumen" we think of lumen naturale – the light of the human mind. It is the fundamental precondition for the existence of something like intellect and reason at all. And this fundamental precondition is always already there.

The challenge is to realize with lightning speed, without further ado, that the highest joy, the incredible light of awareness, is closer than close.

This is what the summiteers of "thinking non-thinking" have realized.

THE CORE

The insight quotations from world literature

Zen saying, It is already there 1
You cannot enter a place you have never left.

Platon (* 427; † 348 BC) Greece, It is already there 2
All learning is the memorizing of something which is already there and waits for being discovered.

James Swartz (* 1941) USA, It is already there 3
You are not getting something you do not have; you simply realize that what you sought so frantically you had all along.

Chopra, Deepak (* 1946) India, It is already there 4
The source of our happiness is our own consciousness – and that is in its most simple form.

Watzlawick, Paul (* 1921; † 2007) Austria, It is already there 5
Suddenly it was ... clear that the search had been the only reason for non-finding up to then; that out there in the world you will never find and thus never have what you have always been.

Jung, Carl Gustav (* 1875; † 1961) Switzerland, It is already there 6
Who looks towards the outside, is dreaming. Who looks towards the inside, wakes up.

Keller, Helen (* 1880; † 1968) USA, It is already there 7
What I am looking for is not out there, it is in me.

Beck, Charlotte Joko (* 1917; † 2011) USA, It is already there 8
If the mind becomes clear and balanced and is no longer caught by objects, an opening up may happen, and for a moment we recognize who we really are.

Laotse (about 6th century BC) China, It is already there 9
The farther somebody moves to the outside,
the lesser does his knowledge become.
That is why the chosen does not need to move,
yet he knows everything ...

Wilber, Ken (* 1949) USA, It is already there 10
By enlightenment or waking up nothing is created which has not been before, but suddenly one understands what has always been.

Sosan (* about 510; † about606) China, It is already there 11
If the eye is never asleep, all dreams will come to a natural end. If the mind does not make any distinctions, the ten thousand things are as they are, of one and the same essence.

Buber, Martin (* 1878; † 1965) Austria, It is already there 12
Being is the in-between which connects.

Chopra, Deepak (* 1947) India, It is already there 13
The universe is a single process occurring in consciousness ... and only by merging into that process can we discover who we really are.

Yesudian, Selvarajan (* 1916; † 1998) India, It is already there 14
God is spirit, and spirit you can only be. ... Thus true religion means realization of the spirit.

Whitman, Walt (* 1819; † 1892) Great Britain, It is already there 15
I am not looking for happiness, I am happiness.

Krishnamurti (* 1895; † 1986) India, It is already there 16
The content of consciousness is consciousness.

Beck, Charlotte Joko (* 1917; † 2011) USA, It is already there 17
Consciousness is quite easy; there is nothing to add, there is nothing to change.

Caird, John (* 1820; † 1898) Great Britain, It is already there 18
... it is the endeavor, by constant exercise of spiritual activity, to appropriate that infinite inheritance of which we are already in possession.

Osho (* 1931; † 1990) India, It is already there 19
Enlightenment means exactly this: leaving reason behind. And if you leave reason behind, you are there yourself.

Massaro, Bentinho (* 1987) Netherlands, It is already there 20
Consciousness can never be escaped. It is the ground of all experiences, the meeting point of all experiences.

Here you can experience the audio-visual representation of these insight quotations: **www.instantlumen.com**

The coaching, your take off to the Already-There

Off we go! We will start by means of inspirations for self-exploration, exercises and other refinements – all to enable us to navigate well towards INSTANT LUMEN.
If you're more committed to yourself in writing or speaking, it's worth jotting down your answers or anchoring them by means of voice memos. The grey bar shows you where your answers are needed.

FIRST OF ALL: Self-discovery = separating wheat from chaff

That the looked for, the longed for, the beautiful – the meaning – is already there is something we overlook as stubbornly as we take the air we breathe for granted. Even more strikingly: We even play hide and seek, by looking in the wrong places. We even "find" or invent something although the really looked for has always been there, after all. That is why you may now separate the wheat from the chaff, by **on the one hand** considering or writing down where you (or people in general) usually look for happiness, blissfulness, meaning, the highest etc. For example, in relationships, in consumption ...

and **on the other hand** by exploring how long the way towards real fulfillment is.

FASTER, HIGHER, BIGGER 9853,3 KM
TO THE GATE OF CONSCIOUSNESS 0,0 KM

QUESTION 1: Of which kind is your chaff?

For example, traditional or internalized ideas of happiness, believed in or implicit promises or, or ...

QUESTION 2: What is behind these ideas?

For example, high-security prisons to freeze "happiness" in, so that it will last till death do us part, that is the fear of change, the vain attempt to make permanent that what cannot be made permanent or, or ...

MAIN QUESTION, to be answered spontaneously, please:
What will you gain when throwing yourself into the arms of insecurity and change?

NEXT STEP: Coming on track

Visualize exactly what it feels like, when you give up searching – not in a depressed way but with a jubilantly anticipating heart.

QUESTIONS: Is it risky not to search, not to believe, not to want anymore what is commonly wanted? If yes, what exactly do you risk? And what do you risk if not risking this?

EXERCISE 1: Write down how you could wholeheartedly engage in that what is. And write down also how you could completely engage in that what is anyway behind everything that is. And also in that what does not yet exist. Over the next three days, taste what it feels like
●●● to engage in that what is
●●● to engage in that what is behind everything
●●● to engage in that what does not yet exist.
●●● Do you find this exhausting? What is easiest?

EXERCISE 2: Over three days, experiment with how to take the shortest way. Take the direct way into your consciousness.

NICER, KINDER, MORE BEAUTIFUL 17893,81 KM
TO THE GATE OF CONSCIOUSNESS 0,0 KM

THE MOTTO: Why make detours if there is a direttissima?!

BEARING IN MIND the sentence: Who does not search is already there.

FEEDBACK to yourself and from yourself: How easy is it for you to abandon yourself to your pure consciousness, to realize there: IT is already there?

SPECIAL QUESTIONS: How long is the way? And which way, after all?

FINAL STEP: Your take off

> **THE LARGE-SCALE** realization of **It is already there** will escape us immediately if we cling to or even get our teeth into thinking, the outside, functioning ... Write down your hit.
>
> **KOAN:** What is already there when it is already there?

ESSENTIAL QUESTION: How meaningful would all our lives be if we were adept at taking the shortest way?

MORE COMPETETIVE, MORE ALIEN 30570,17 KM
TO THE GATE OF CONSCIOUSNESS 0,0 KM

Sharing

This adventure of insight is about nothing less than the realization of the human and "superhuman" best and highest. When entering consciousness itself we leave our trained personality behind and strip ourselves off our standard setting. That is why this state is devoid of all individual features. Furthermore, this means that all humans make this experience in the same or a similar way, each according to depth/height. To share this experience is a celebration of being connected. You may celebrate it here „www.instantlumen.com/sharing", by describing how you *feel* when **arriving at "It is already there"**. Describe only your experience. Refrain from all interpretations and stories.

COME IN, PLEASE!

As long as we still have to enter clearings, we are in the duality theatre – our main whereabouts. That is why most statements are based on this point of view.

Let's enter the 6th clearing:

Oneness

Some questions as signposts and idea generators:

- Being an individual, an individual being, man is always on his own, separated from others. This fact given, how could oneness become a reality?
- What is the definition of oneness here?
- Is there not the danger of getting lost within the great oneness?
- Must limitless oneness not necessarily be mutual or all-embracing?

Lightning start into this clearing

Oneness with each and every one means being unseparated. Separation happens by way of our own person constantly appearing on our inner stage: Every morning you wake up with yourself. Every night you fall asleep with yourself. For yourself, you are the hub of the world because you are always there where you are. A limiting and constricting interlocking.

THE MORE I DEFEND MY EGO,
THE MORE I MOVE AWAY FROM MYSELF.

However, sometimes in loving ecstasy, being joined in the most intimate way, provides us with a foretaste of large-scale oneness. Also when feeling so much happiness that we would like to embrace the whole world gives us an idea of oneness.

If you completely forget about yourself, you give up on the worst habit: the self-identified, indeed not only self-identified but self-infected ego. Exit ego = oneness there. And therewith also **INSTANT LUMEN**.

To have it in Rilke's words: "embracingly embraced". This is the realization that as consciousness we share the same spaceless space. Limitless, infinite, connected. Oneness means being in a state of complete, seamless distancelessness to life, or more precisely: to being. That is, being within being as being. And exactly this is entering consciousness.

Again and again humans have put this overwhelming experience into words.

THE CORE

The insight quotations from world literature

Kierkegaard, Søren (* 1813; † 1855) Denmark, Oneness 1
The spirit cannot shake off itself and also cannot grasp itself, as long as it has itself outside itself ...

Juan Ramón Jiménez (* 1881; † 1958) Spain, Oneness 2
Now my heart is so pure
that it makes no difference if it dies
or sings.

Eckehart, Meister (* 1260; † 1328) Germany, Oneness 3
The eye with which I see God and the eye with which God sees me are one and the same.

Emerson, Ralph Waldo (* 1803; † 1882) USA, Oneness 4
All lower egotism vanishes. I become a translucent apple of the eye; I am nothing; I see everything.

Hung-Chih Meister (* 1091; † 1157) China, Oneness 5
Silently, calmly, one forgets all words;
Clearly and lively *That* appears.

Heidegger, Martin (* 1889; † 1976) Germany, Oneness 6
Being is never in a distance from us because it is that what we have been emerged in.

Krishnamurti (* 1895; † 1986) India, Oneness 7
Consciousness means complete and unconditional devotion to that what is, without rationalization, without the separation of observer and what is observed.

Kühlewind, Georg (* 1924; † 2006) Hungary, Oneness 8
The consciousness is capable of seeing seeing; this way it becomes independent of what is seen and it experiences. Seeing and what is seen are one. ... The true subject is not different from living thinking. The latter is no object. It is identical with living thinking.

Maharishi, Ramana (* 1879; † 1950) India, Oneness 9
As a matter of fact, there is only the self, and neither the seeing nor the seen are involved, neither as the subject nor as an object.

Laṅkāvatāra-sūtra (about 4th century) India, Oneness 10
Truth is the realization of the self as it was internally realized by the wise, due to their non-dualistic insight.

Sagan, Samuel (* 1957) France, India, Oneness 11
The wise has been thrown into a space of consciousness where inner presence happens spontaneously.

Schrödinger, Erwin (* 1887; † 1961) Austria, Oneness 12
The world is given only once. Original and reflection are one.
Plurality is mere illusion; the truth is that there is only one consciousness.

Kurt Tucholsky (* 1890; † 1935) Germany, Oneness 13
In utter silence you can hear the whole world.

'Arabī, Muhyī d-Dīn Ibn (* 1165; † 1240) Spain, Oneness 14
You would not be capable of perceiving me through yourself.
However if you perceive me, you are perceiving yourself.

Voltaire (* 1694; † 1778) France, Oneness 15
Meditation is the dissolution of thoughts in Eternal awareness or Pure consciousness without objectification, knowing without thinking, merging finitude in infinity.

Padmasambhava (8th to 9th century) Pakistan, Oneness 16
... by complete understanding that what is searched for turns out to be one with the searcher.

Benoit, Hubert (* 1904; † 1992) France, Oneness 17
The non-formal, immediate perception of existence is the most simple kind of perception which can be imagined.

Reps, Paul (* 1895; † 1990) USA, Oneness 18
By way of thinking about nothing the limited self becomes *unlimited*.

James, William (* 1842; † 1910) USA, Oneness 19
In mystic states we become one with the absolute and at the same time aware of this oneness.

von Meysenburg, Malwida (* 1816; † 1903) Germany, Oneness 20
I ... realized what real prayer is: Entering from the isolation of individuation into the awareness of oneness with everything that is.

Plotin (* 204; † 270) Egypt, Einssein 21
Often, when awaking to myself from the slumber of the body, I look at a marvelous beauty: it is then when I believe most in belonging to a better and higher world, stir powerfully within myself the most glorious life and have become one with the deity.

Here you can experience the audio-visual representation of these insight quotations: **www.instantlumen.com**

The Coaching, starting to oneness

Off we go! We will start by means of inspirations for self-exploration, exercises and other refinements – all to enable us to navigate well towards INSTANT LUMEN.
If you're more committed to yourself in writing or speaking, it's worth jotting down your answers or anchoring them by means of voice memos. The grey bar shows you where your answers are needed.

FIRST OF ALL: Self-discovery = separating wheat from chaff

In infinite oneness any distance and any kind of I-administration will disappear in favor of a seamless connection with life as such. From seamlessness via fine stitching, rough stitching as far as to a gap – these are increasing levels of separateness. Fact is: the more separated, the lonelier we are. Here you see the chaff and the wheat, and you may separate them by **on the one hand** considering or writing down when you feel unpleasantly lonely and when you rather insist in or defend yourself more than it is good for you. Or not sufficiently!

And **on the other hand** when you let go of yourself in the most splendid way.

QUESTION 1: Of which kind is your chaff?
For example, a fear of losing yourself, of drowning in symbiotic sticking, or getting stranded in loneliness or arbitrary socializing or, or ...

QUESTION 2: What is behind your measures of ego-fortification?
For example, always having come second in your original family, not having had your own position, having been left, not having had any emotional space or, or ...

MAIN QUESTION, to be answered spontaneously, please:
What do you want: Loneliness? Togetherness? Seamless all-aloneliness? Why?

NEXT STEP: Coming on track

Visualize exactly what it feels like when you feel separated from life and from yourself. And what it feels like when you feel one with yourself, with nature and with other people. For example, when abandoning yourself into overwhelming, unconditional loving. No matter if your unconditional loving is for your darling, your children or your dog.

QUESTIONS: Who or what makes it easy for you to love unconditionally? How could you change from the emptiness of loneliness to its wealth? How could you implement Rilke's statement
"My holy loneliness you –
keep those golden gates shut,
in front of which the desires are waiting."
in your life? To which kind of desires does Rilke refer? To which not?

EXERCISE 1: Write down in how far each resisting and repining result in separation. And what you do not want to resist anymore. Practice this attitude over the next three days. And observe what you feel like in the process.

EXERCISE 2: Over the next three days, experiment with being absorbed by the moment, the unconditional – as often as possible.

THE MOTTO: Goodbye resisting! Approving hurray!

BEARING IN MIND the sentence: Who loves truly is one with the loved one – until once everything will be loved.

FEEDBACK to yourself and from yourself: How easy is it for you to give up on bickering and thus on yourself? In which situations is it easy, in which is it not so easy?

SPECIAL QUESTION: Is the big picture bigger than you?

FINAL STEP: Your take off

> **REALLY PROFOUND oneness** is the most intimate being at home that can be conceived. A kind of placeless place in a timeless time. Emerging into the abundance of featureless oneness. Indeed entering consciousness. Is this comprehensible? For example, when dropping ALL limits or living even without the "noise" of your senses or ...
> Note your hit here.

KOAN: How insecure is the most secure?

ESSENTIAL QUESTION: How meaningful would all our lives be if all of us played in unlimited win-win-win-win ...?

Sharing

This adventure of insight is about nothing less than the realization of the human and "superhuman" best and highest. When entering consciousness itself we leave our trained personality behind and strip ourselves off our standard setting. That is why this state is devoid of all individual features. Furthermore, this means that all humans make this experience in the same or a similar way, each according to depth/height. To share this experience is a celebration of being connected. You may celebrate it here „www.instantlumen.com/sharing", by describing how you *feel* when **emerging into the great oneness**. Describe only your experience. Refrain from all interpretations and stories.

COME IN, PLEASE!

Now your take off will become particularly philosophical. Enjoy yourself!

Let's enter the 7th clearing:

How to Reach our Destination?

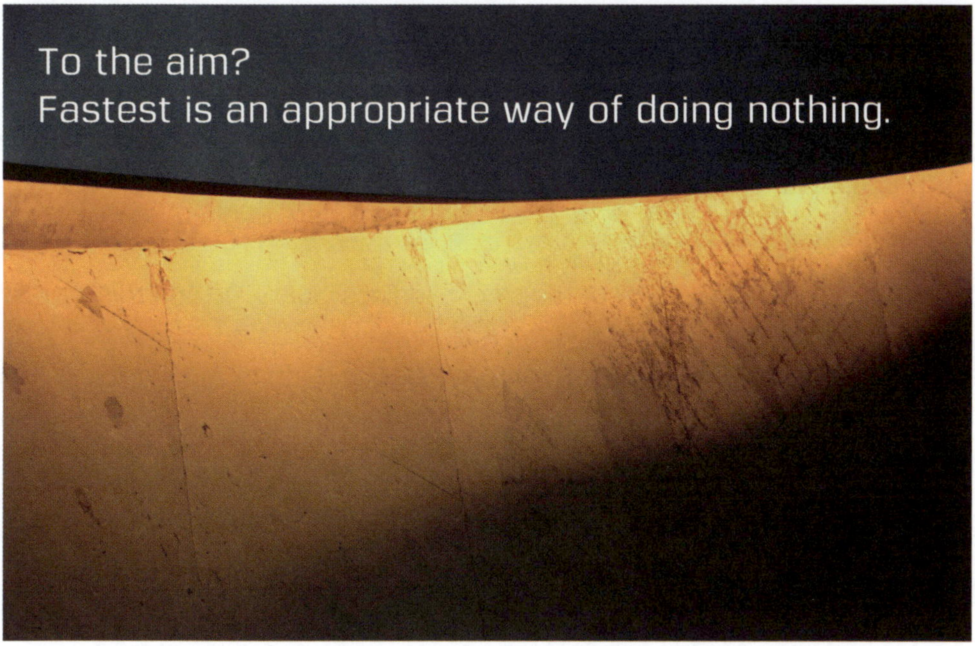

Some questions as signposts and idea generators:

- What exactly is our destination?
- Does the term "destination" require differentiation?
- Given such an aimless destination, how could we reasonably speak of a way to it?
- Can the paradox of a pathless road be solved?
- How do we experience the arrival at the destination?

Lightning start into this clearing

How to reach our destination – that is what we still have to figure out and then we have got it. **The really practical exercise hints** sound absurd when it comes to putting them into words because they are easier than our performance-oriented thinking and our fighting spirit can imagine. Basically, it is just about reaching that which is already there. That is why all these instructions sound mad or absurd. Their aim is to make us switch to a completely different perspective. Make it happen or just sense it when experiencing the following sentences:

THE CORE

The insight quotations from world literature

Hoff, Benjamin (* 1946) USA, How to get there? 1
Just take the road to nothingness and go to nowhere until you arrive.

Reps, Paul (* 1895; † 1990) USA, How to get there? 2
In summer, when you see all of the sky in endless clarity, *go into this clarity*.

Nietzsche, Friedrich (* 1844; † 1900) Germany, How to get there? 3
Even the spiritually liberated person needs to be purified. Much prison and mustiness is still left within him: even his eye must become clean.

Chödrön, Pema (* 1936) USA, How to get there? 4
... abide in unconditional openness, patiently cutting through all our tendencies to hang on.

Blake, William (* 1757; † 1827) Great Britain, How to get there? 5
If the doors of perception were cleansed, everything would appear to man as it is: infinite.

Watts, Alan W. (* 1915; † 1973) Great Britain, How to get there? 6
We have but to open the eyes of the mind wide enough, and "the truth will out."

Platon (* 427; † 348 BC) Greece, How to get there? 7
The only thing you can learn is that you are already that what you are looking for.

Osho (* 1931; † 1990) India, How to get there? 8
Between two thoughts, try to be attentive. Look into the gap, into the space in-between. There you find your true nature.

Lauterbach, Ute (* 1955) Germany, How to get there? 9
Concentrating on what is in the mind when there is nothing in it! That is on emptiness, on this kind of nothingness: Consciousness turns towards itself.

Leopardi, Giacomo (* 1798; † 1837) Italy, How to get there? 10
Sitting I contemplate the absolute stillness beyond.
In this deep peace I eradicate my thinking.

Tolstoi, Leo (* 1828; † 1910) Russia, How to get there? 11
Man is free only in the realm of consciousness, consciousness again is only possible in each present moment.

Chuang-Tzu (* 369; † 286 BC) China, How to get there? 12
The highest man makes use of his heart like of a mirror. He does not pursue the things and he does not go to meet them; he reflects them but does not hold them fast.

Master Jôshû Jûshin (* 788; † 897) Japan, How to get there? 13
Somebody asked: "Not misunderstanding the way – what is that like?" Jôshû answered: "Understand your mind. Look into your true nature. This means not to misunderstand the way."

St. Jean de la Croix (* 1542; † 1591) Spain, How to get there? 14
To arrive in cosmos, you must give up on cosmos.

Wilber, Ken (* 1949) USA, How to get there? 15
The road towards final reality is not outward but inward. Starting out from reason, I have myself roped down into reason where I meet immediacy lying on the bottom.

Dōgen, Eihei (* 1200; † 1253) Japan, How to get there? 16
If we learn to listen with our hearts, then we will hear the silence and the Buddha nature within ourselves.

Miller, Henry (* 1891; † 1980) USA, How to get there? 17
The aim of life is to live, and to live means to be aware, joyously, drunkenly, serenely, divinely aware.

Schelling, Friedrich (* 1775; † 1854) Germany, How to get there? 18
Recognize what you are, and be as what you have recognized yourself, that is the highest rule of wisdom.

Wilber, Ken (* 1949) USA, How to get there? 19
Let immediately go of this spirit which observes the outside or searches in the inside, and that's it.

Here you can experience the audio-visual representation of these insight quotations: **www.instantlumen.com**

The coaching, start towards the pathless path

Off we go! We will start by means of inspirations for self-exploration, exercises and other refinements – all to enable us to navigate well towards INSTANT LUMEN.
If you're more committed to yourself in writing or speaking, it's worth jotting down your answers or anchoring them by means of voice memos. The grey bar shows you where your answers are needed.

FIRST OF ALL: Self-discovery = separating wheat from chaff

There are so many different kinds of goals and destinations: work goals, dream destinations, longed-for destinations, targets/destinations for the day, learning goals, relationship goals, goals of enthusiasm. If the intermediate goals do not correspond with the great, actually intended meaning of life, you may confidently dump them. Do this by **on the one hand** considering or writing down which are illusory goals which will not give you any fulfillment

and **on the other hand** by writing down which goals – may they be big or small – will bring you closer to a fulfilled and meaningful life.

QUESTION 1: Of which kind is your chaff?
For example, ambitious goals, top-of-the-world goals, competition goals, leisure time goals, beauty goals, enlightenment goals, forever young goals or, or ...

Question 2: What is behind your chaff goals?
For example, inferiority feelings, the urge to distinguish yourself, a feeling that you must prove your worth, because of lacking recognition, because siblings were treated preferentially or, or ...

MAIN QUESTION: How much are you ready to pay for achieving your goals?

NEXT STEP: Coming on track

Visualize exactly what it feels like when toiling for wrong, unsatisfying goals. Or when you are bored by pursuing chaff goals, when you under- or overtax yourself. And what does it feel like when you pursue meaningful goals?

QUESTIONS: What are good, meaningful goals for you? What would you like to achieve in life more than anything else? Do you perceive yourself as being on your own on this way? Who might support you? Which "destinations" would you like to cancel?

EXERCISE 1: Write down the speech on your fulfilled life which shall have been true on day x. And, over the next three days practice steps towards your most beautiful meaningful goal. Make up a balance of meaning each evening.

EXERCISE 2: Experiment with being absolutely still. For a short time several times a day, or over longer periods for three days.

THE MOTTO: Do or leave out everything which contributes to liberating your mind.

BEARING IN MIND the sentence: What you are thrilled by has already been worth the effort, independently of achieving any goal.

FEEDBACK to yourself and from yourself: How easy is it for you to switch over to first-choice goals? What would you have to solve or to redeem – if at all – to find it easier to liberate yourself from the chaff goals?

SPECIAL QUESTION: Who is responsible for you?

FINAL STEP: Your take off

THE REALLY LARGE-SCALE road to your destination is pathless and not prefixed, whereas in our everyday lives, which are well-considered and handled, we know most of all action goals and thus ways of acting. The really large-scale pathless road is a kind of revolution of attitude. And as soon as we are seized by this different attitude, our actions come out of easiness, out of effortless happening or out of enthusiasm or out of ... What is your hit?

KOAN: Which destination is waiting for you when you have achieved all goals?

ESSENTIAL QUESTION: How meaningful would all our lives be if we geared our purposes towards meaning?

Sharing

This adventure of insight is about nothing less than the realization of the human and "superhuman" best and highest. When entering consciousness itself we leave our trained personality behind and strip ourselves off our standard setting. That is why this state is devoid of all individual features. Furthermore, this means that all humans make this experience in the same or a similar way, each according to depth/height. To share this experience is a celebration of being connected. You may celebrate it here „www.instantlumen.com/sharing", by describing how you *feel* when **having arrived at the pathless destination**. Describe only your experience. Refrain from all interpretations and stories.

COME IN, PLEASE!

Now things will become really beautiful. Just surrender to beauty.

Let's enter the 8th clearing:

Art as a Means of Touching the Utmost

Some questions as signposts and idea generators:

- What is art? What makes art art?
- What has art to do with entering consciousness?
- Should we all preferably become artists?
- What exactly is the art of living?
- Art, beauty, truth – is there any connection?

Lightning start into this clearing

Great art makes us immerse into the most extreme. And entering consciousness makes us disappear into being in such a way that we are encompassed by the essence of life. "There", that is in the sense of nowhere and everywhere, we are at the original source of art. Inspired people experience two things: Firstly, that any inspiration comes from "somewhere else". Secondly, when being creative, they are no longer in the grip of everyday life. As soon as the tight grip of our identity loosens and opens up a gap for inspiration, art may happen. Any great inspiration is a hello from **INSTANT LUMEN**. In great art we experience the reflection of being. That is why poets and artists often see themselves as intermediaries. Goethe had it this way: "Art is the communicator of the unspeakable." Others say it in similar ways.

THE CORE

The insight quotations from world literature

Cheng, François (* 1929) China, Art 1
A great work ... depicts the infinite within finite, the only place where the contradictions calm down and are solved.

Domin, Hilde (* 1909; † 2006) Germany, Art 2
A poem is the peak of the unspoken which just reaches into the speakable.

Kaléko, Mascha (* 1907; † 1975) Poland, Art 3
My most beautiful poem?
I did not write it.
From deepest depth it rose.
I left it to silence.

Verdier, Fabienne (* 1962) France, Art 4
The act of painting must be an act of doing nothing, a natural way of acting without purpose, which is not turned towards the I. By way of obliviousness one achieves melting into one with heaven, with wholeness. Stop thinking, wanting, calculating!

Fromentin, Eugène (* 1820; † 1876) France, Art 5
Painting is the art of expressing the invisible by means of the visible.

Heidegger, Martin (* 1889; † 1976) Germany, Art 6
Art is launching the truth.

Friedrich Schelling (* 1775; † 1854) Germany, Art 7
The basic nature of the work of art is unconscious infinity. It is the perfection

of knowledge and philosophy. It takes man as a whole, as he is, towards insight into the highest. Its goal is the destruction of substance by way of completing the form.

Michelangelo (* 1475; † 1564) Italy, Art 8
Art does not belong to any country, it comes from heaven.

Lauterbach, Ute (* 1955) Germany, Art 9
The color of the air is its translucency, the color of consciousness is its unsubstantial vastness.

Juan Ramón Jiménez (* 1881; † 1958) Spain, Art 10
... What a view, what a complete perception,
looking from everywhere, at everything,
and full of silence!

Verheyen, Jef (* 1934; † 1984) Belgium, Art 11
The essential: isolating oneself wrenching one's senses from the powers of matter. Merging completely in the supernatural vibrations. ... Getting crazy from its color. Plunging into infinity, flying in it.

Bashō, Matsuo (* 1644; † 1694) Japan, Art 12
A flash of lightning
– into the gloom,
the heron's cry.

Yang Wan-Li (* 1127; † 1206) China, Art 13
Get rid of the words and meaning, and there is still poetry.

Celan, Paul (* 1920; † 1970) Ukraine, Art 14
THE HOURGLASS, deeply
buried in the shadow of the peony:

When thinking comes down the Pentecost
aisle, at last,
the Empire is its,
where you, while fizzling out, are hoped through.

Picasso, Pablo (* 1881; † 1973) Spain, Art 15
Art washes the dust of everyday life from the soul.

Lieh-Tzu (about 450 BC) China, Art 16
I follow the wind to the East and the West, like leaf or dry chaff, and really I do not know if I was driven by the wind or the wind by me.

Rilke, Rainer Maria (* 1875; † 1926) Austria-Hungary, Art 17
I love my nature's dark hours ...
From them I receive my knowledge, so that I have space
for a second timelessly broad life.

Sengai (* 1750; † 1837) Japan, Art 18
Every stroke of my brush is the overflow of my inmost heart.

Camus, Albert (* 1913; † 1960) France, Art 19
A man's life is but one attempt to, via art, reawake the few minutes when his heart opened up for the first time.

Merleau-Ponty, Maurice (* 1908; † 1961) France, Art 20
When Cézanne is looking for spatial depth, it is that flash of being that seeks ...

Here you can experience the audio-visual representation of these insight quotations: **www.instantlumen.com**

The coaching, the journey towards artistic contemplation

Off we go! We will start by means of inspirations for self-exploration, exercises and other refinements – all to enable us to navigate well towards INSTANT LUMEN.
If you're more committed to yourself in writing or speaking, it's worth jotting down your answers or anchoring them by means of voice memos. The grey bar shows you where your answers are needed.

FIRST OF ALL: Self-discovery = separating wheat from chaff

It is said that there is no accounting for taste. Now, is the porcelain crane on your sill art or not? Is it beautiful or not? In order to get to this clearing well, we need an objective criterion for beauty that applies to everyone, without ignoring subjective perception. Here it is: Everything which lifts your spirit, which is breathtaking for you because it moves or touches you so much – that is what is beautiful for you. When you lose yourself in beauty, you will arrive. Now you may separate the wheat from the chaff, by **on the one hand** considering or writing down which objects are in your environment, although they are actually not much appealing to you

and **on the other hand** by getting a clear understanding of what lifts your spirit. Which music, which literature, which T-shirts, which posture etc. ...

QUESTION 1: Of which kind is your chaff?
For example, inherited objects, “presents”, mispurchases or, or ...

QUESTION 2: What is behind the fact that this chaff is still part of your life, if it still is?
For example, attitudes such as presents cannot be dumped, or the porcelain crane was Aunties greatest joy, or the silver angle plane was very expensive or, or ...

MAIN QUESTION, to be answered spontaneously, please:
Do you want to be overwhelmed by beauty? Why?

NEXT STEP: Coming on track

Visualize exactly what it feels like when surrendering completely to beauty.

QUESTIONS: Do you want to keep everything you have? How do you feel in the rather empty room? Is there anything beautiful you "have grown out of"? What opens up your senses? What makes them close down? Which kind of enjoyment of art appeals to you particularly?

EXERCISE 1: Write down what moves you sensually and how you could enjoy even more beautiful things. Practice sensuous delight for the next three days.

EXERCISE 2: Over three days, practice the art of living, by designing these days quite consciously – as if they were precious works of art.

THE MOTTO: Live gracefully!

BEARING IN MIND the sentence: Who adores the beautiful feels the truth.

FEEDBACK to yourself and from yourself: What makes it easy for you, what makes it difficult for you to dedicate yourself to the beautiful?

SPECIAL QUESTION: Are you beautiful?

FINAL STEP: Your take off

REALLY GREAT art as a means of touching the utmost liberates from everyday life, it connects us to the most beautiful, it leads to the origin, it ... Fill in your hit.

KOAN: How does nothingness become empty?

ESSENTIAL QUESTION: How meaningful would all our lives be if the art of living was the most important subject at school?

Sharing

This adventure of insight is about nothing less than the realization of the human and "superhuman" best and highest. When entering consciousness itself we leave our trained personality behind and strip ourselves off our standard setting. That is why this state is devoid of all individual features. Furthermore, this means that all humans make this experience in the same or a similar way, each according to depth/height. To share this experience is a celebration of being connected. You may celebrate it here „www.instantlumen.com/sharing", by describing how you *feel* when **you are touching the utmost by way of** experiencing **art**. Describe only your experience. Refrain from all interpretations and stories.

COME IN, PLEASE!

You better do not look back during the take off.

Let's enter the 9th clearing:

Exit Ego

Some questions as signposts and idea generators:

- What is the ego, after all?
- Is getting rid of one's ego desirable?
- When is it pathological, when not?
- Has this topic to do with selflessness?
- To put it paradoxically: Am I still here after having left? And where am I after all these "no-abouts"?

Lightning start into this clearing

When the ego is not there anymore, then you are really going on vacation from yourself. Who abandons himself will gain everything – at least if this abandoning happens towards fullity, that is on the way towards pure awareness. If you no longer exclusively identify with yourself, you will extend your range. This happens gradually. Levels of this extension are: for example, also identifying with the family – this is very popular – and identifying with friends, and with your darling anyway or with your own car, your own country, the Soccer World Championship etc. As the second last level: identifying with all people all over the world. And, as the final level: identifying with being, with the universe as such! Yes, I know, this is a contradiction in itself, for identification means participating in a section. However, by the final step we transcend any section, to be totally encompassed by the seamless universe. What is crucial is the direction: egocentrism decreases more and more, until it dissolves in wholeness and thus disappears. One's own downfall is like dying. That is why we shun it like the plague and strongly hold on to ourselves. After all, it is "only" about one small turn: From the section to the whole, from I to non-I, from the finite to the infinite, from tinkered happiness to blissfulness, from brain carousel to **INSTANT LUMEN**.

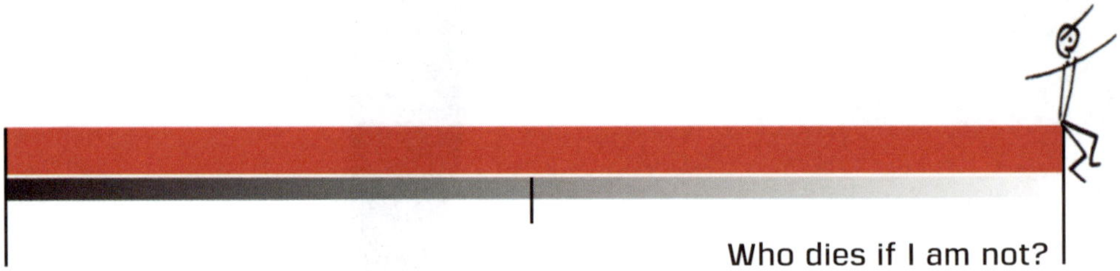

And as the fall of the small ego is part of the rising of the great self, it has been expressed everywhere in world literature. And letting go of the I is part of the philosophical take off we are pursuing here.

THE CORE

The insight quotations from world literature

van de Wetering, Janwillem (* 1931; † 2008) Netherlands, Exit ego 1
The I is the mask which must be torn down to make pure being come to the fore.

Leuba, James Henry (* 1867; † 1946) USA, Exit ego 2
If the feeling of alienation, which imprisons people in a closely limited ego, collapses, each individual will experience himself as "being one with the entire creation".

Pessoa, Fernando (* 1888; † 1935) Portugal, Exit ego 3
What dies within myself when I am?

Safranski, Rüdiger (* 1945) Germany, Exit ego 4
If any self-reference, any feeling that it is 'me' who 'feels', if all this has disappeared – only then the peak of the great communion, the moment of true perception has been reached.

Goethe, Johann Wolfgang von (* 1749; † 1832) Germany, Exit ego 5
To find yourself in the unlimited,
You will rejoice in disappearing,
There all weariness dissolves;
Instead of hot desire, wild volition,
Instead of onerous demanding and strict ought
Giving up on oneself is pleasure.

Eliot, T. S. (* 1888; † 1965) USA, Exit ego 6
The moment of death is at any moment.

Kierkegaard, Søren (* 1813; † 1855) Denmark, Exit ego 7
No wonder that man is horrified, for between man and truth there is mortification.

Pessoa, Fernando (* 1888; † 1935) Portugal, Exit ego 8
He who achieves to be not, will be.

Rilke, Rainer Maria (* 1875; † 1926) Austria-Hungary, Exit ego 9
Ever more often it happens to me that I cannot say: I am ... but that I must say: it is.

Osho (* 1931; † 1990) India, Exit ego 10
You simply disappear within universal consciousness.

Cadenas, Rafael (* 1930) Venezuela, Exit ego 11
I KNOW
If I do not achieve to become nobody
My life will be wasted.

Roberts, Bernadette (* 1931; † 2017) USA, Exit ego 12
But coming home that day, walking downhill with a panorama of valley and hills before me, I turned my gaze inward, and what I saw, stopped me in my tracks. Instead of the usual unlocalized centre of myself, there was nothing there, it was empty, and at the moment of seeing this there was a flood of quiet joy ...

Cioran, Emile Michel (* 1911; † 1995) Romania, Exit ego 13
The emptiness – the self without the self – is the liquidation of the adventure of "I", it is being without any trace of being, a blissful drowning, an incomparable catastrophe.

Padmasambhava (8th to 9th century) India, Exit ego 14
If the searcher himself, if one looks for him, is not to be found, the goal of searching has been achieved, just the same the end of the search has been reached.

Lenz, Frederick alias Rama (* 1950; † 1998) USA, Exit ego 15
The person who did all of these things has gone away, vanished without a trace in the ecstasy of existence.

Lord Tennyson, Alfred (* 1809; † 1892) Great Britain, Exit ego 16
Then suddenly, like out of the intensity of this awareness of individuality, this individuality seemed to dissolve and to merge with limitless being. And this is no state of confusion, but the possibly clearest ...

Tolstoi, Leo (* 1828; † 1910) Russia, Exit ego 17
After all, the meaning of life is in exchanging the awareness of a personal life for the awareness of God.

Stannus Gray, Terence James (* 1895; † 1986) Great Britain, Exit ego 18
Looking for myself, looking for looking for – this is the way to find my own non-existence.

van de Wetering, Janwillem (* 1931; † 2008) Netherlands, Exit ego 19
Do you still not understand? That everything is empty? That there is nothing to carry around with you? That all we must do is enjoying our non-I?

Jaspers, Karl (* 1883; † 1969) Germany, Exit ego 20
For thousands of years philosophers in China, India and the occident have been saying something which is the same everywhere at all times, although the ways in which it has been communicated are manifold:
Man is capable of going beyond the subject-object-division, towards complete oneness of subject and object, with all concreteness disappearing and the I vanishing. It is there where actual being is disclosed, leaving an awareness of deepest, inexhaustible meaning when it awakes.

Here you can experience the audio-visual representation of these insight quotations: **www.instantlumen.com**

The coaching, your take off towards being nobody

Off we go! We will start by means of inspirations for self-exploration, exercises and other refinements – all to enable us to navigate well towards INSTANT LUMEN.
If you're more committed to yourself in writing or speaking, it's worth jotting down your answers or anchoring them by means of voice memos. The grey bar shows you where your answers are needed.

FIRST OF ALL: Self-discovery = separating wheat from chaff

The question is: Will we lose ourselves in a pleasant or an unpleasant way? The difference is easily identified: If you lose yourself in a pleasant way, you will experience increased inner abundance. In the other case, there will rather be a kind of draught or weakening emptiness. In other words: On the scale of consciousness the chaff is always experienced below 50 and the wheat always above 50. That is why you may now separate the wheat from the chaff, by **on the one hand** considering or writing down in which situations you lose yourself in an unpleasant way

and **on the other hand** in which situations you lose yourself in a pleasant way. For example, when laughing yourself silly, when surrendering to the beautiful or to unconditional love or to ecstasy etc.

QUESTION 1: Of which kind is your chaff?
For example, too much commitment for others, too little care for yourself, too many entanglements and too many attachments or, or ...

QUESTION 2: What is behind this unpleasant exit ego fertilizer? For example, guilty feelings, the fear of not being loved, moral constraints, having been brought up too strictly, wrong (= remote from everyday life) values, compensating for one's own ego weakness or, or ...

MAIN QUESTION, to be answered spontaneously, please:
Do you want to protect and take care of your I or your ego?

NEXT STEP: Coming on track

Visualize exactly what it feels like when losing yourself in a pleasant way and in an unpleasant way respectively.

QUESTIONS: How could you strengthen your I? What tells you that your I is jubilant and not your ego shaking?

EXERCISE 1: Write down what is not worth the effort, and release the appropriate thoughts and actions over the next three days. Make your inner peace and your free mind your top priority. And do so quite consequently over three days!

EXERCISE 2: Practice to stay calm in any critical situation. For a chorus, use "it is nothing ..." Laugh yourself silly whenever you can. See the comical and absurd. Surround yourself with people with whom you may have a good laugh.

THE MOTTO: The stronger my self, the better for myself and others.

BEARING IN MIND the sentence by Jack Engler: "You have to be somebody before you can be nobody."

FEEDBACK to yourself and from yourself: How easy is it for you to let go of yourself, not to take yourself more seriously than good for you, and to give yourself away?

SPECIAL QUESTION: Are you capable of consciously being wrong and yet of staying relaxed?

FINAL STEP: Your take off

Giving up on your ego AT A REALLY LARGE SCALE seems to contradict the self-preservation instinct. Self-preservation and self-fulfillment support each other if self-preservation aims exclusively at self-fulfillment. Yes! It is either or: Self-preservation for its own sake is just not dying. Thus any too-much and any too-little is detrimental. The in-between is achieved by the right individual balance. Which would you prefer and in which respect?

KOAN: What do you gain when you lose?

ESSENTIAL QUESTION: How meaningful would all our lives be if everybody had only that which is necessary for perfect self-fulfillment?

Sharing

This adventure of insight is about nothing less than the realization of the human and "superhuman" best and highest. When entering consciousness itself we leave our trained personality behind and strip ourselves off our standard setting. That is why this state is devoid of all individual features. Furthermore, this means that all humans make this experience in the same or a similar way, each according to depth/height. To share this experience is a celebration of being connected. You may celebrate it here „www.instantlumen.com/sharing", by describing how you *feel* when experiencing the **exit ego** self-fulfillment-blissfulness. Describe only your experience. Refrain from all interpretations and stories.

COME IN, PLEASE!

Your philosophical take off across all limits ... This promises quite a different kind of muscle building.

Let's enter the 10th clearing:

Boundary Experience

Some questions as signposts and idea generators:

- What exactly is a boundary experience?
- Are there different calibers of boundary experiences?
- What is the difference between the boundary-situation discussed in philosophy and the boundary experience we are talking about here?
- Are there criteria which apply to all boundary experiences?

Lightning start into this clearing

Our whole enterprise here is nothing but boundary experience. Entering consciousness is *the* boundary experience par excellence. Longing takes us beyond disdainful everyday life. As soon as we move from symbolic to intimate cognition, there a leap occurs which really bursts the boundaries: from the ordinary to the extraordinary. By pure cognition we experience that the boundary solidified by identification and adherence is actually unreal. This way, over time we are more and more encouraged to downscale the ego, to refine our practicing of passive performance – until finally we understand that this boundary shuts out the true, the good and the beautiful. If you let go of yourself, you drop this boundary and find yourself within the limitless vastness of consciousness. Rilke's statement that only he will renew himself who first shatters himself gives testimony to this bursting of boundaries. It is either or!

The predetermined breaking points in our spiritual-emotional climate are called "limit-situations" in philosophy. The most powerful limit-situations are probably the full realization of death as well as completely dissolving in loving. Both put an end to the usual I. For all others the same is true.

The following sentences of renowned thinkers deal with the fundamental fruitfulness of limit-situations:

THE CORE

The insight quotations from world literature

Hebbel, Christian Friedrich (* 1813; † 1863) Germany, Boundary experience 1
Where all boundaries cut across each other,
all contradictions touch each other,
there is the point from where life originates.

Lama Anagarika Govinda (* 1898; † 1985) Germany, Boundary experience 2
Everything visible borders the invisible,
every audible the inaudible,
every comprehensible the incomprehensible
and perhaps
every imaginable the unimaginable.

Karl Jaspers (* 1883; † 1969) Germany, Boundary experience 3
Existence is the self coming to itself in time as something eternal becoming present.

Musil, Robert (* 1880; † 1942) Austria, Boundary experience 4
Indeed truth is no crystal one might put into one's pocket, but an eternal liquid into which one falls.

Murdoch, Iris (* 1919; † 1999) Great Britain, Boundary experience 5
Thomas to Stuart: I liked your image of falling into the hands of God – oh, I know you didn't mean *him* – but it's a deep place, an ocean heaving and giving birth to itself, melting and seething in itself and into itself, interpenetrating itself, light in light and light into light, swelling inwardly, flooding itself, every part interpenetrating the rest until it spills and boils over.

Suzuki, Daisetz Teitaro (* 1870; † 1966) Japan, Boundary experience 6
The individual becomes perfect when he loses his individuality in the All to which he belongs.

Schweitzer, Albert (* 1875; † 1965) France, Boundary experience 7
Mysticism is everywhere where a human being considers the separation of earthly and unearthly, timely and eternal to be overcome and experiences himself, while still being within the earthly and timely, as having entered the unearthly and eternal.

Rilke, Rainer Maria (* 1875; † 1926) Austria-Hungary, Boundary experience 8
We stand and struggle at our limits
and tear something unrecognizable towards us, ...

Novalis (* 1772; † 1802) Germany, Boundary experience 9
The mortal roars in its foundations, but the immortal starts shining brighter and recognizes itself.

Karl Jaspers (* 1883; † 1969) Germany, Boundary experience 10
Existence means being given to yourself by an existential decision, not from nothingness but in the face of transcendence.

Domin, Hilde (* 1909; † 2006) Germany, Boundary experience 11
I set my foot into the air,
and it sustained

Starbuck, Edwin Diller (* 1866; † 1947) Great Britain, Boundary experience 12
Human limit-situations are God's opportunities.

Nietzsche, Friedrich (* 1844; † 1900) Germany, Boundary experience 13
What is great about man is that he is a bridge and no end: what can be loved about man is that he is a *transition* and a *decline*.

Schmitt, Eric-Emmanuel (* 1960) France, Boundary experience 14
I am no longer myself, but one of those atoms which circle around that emptiness which is everything.

Here you can experience the audio-visual representation of these insight quotations: **www.instantlumen.com**

The coaching, your journey to the utmost

Off we go! We will start by means of inspirations for self-exploration, exercises and other refinements – all to enable us to navigate well towards INSTANT LUMEN.

If you're more committed to yourself in writing or speaking, it's worth jotting down your answers or anchoring them by means of voice memos. The grey bar shows you where your answers are needed.

FIRST OF ALL: Self-discovery = separating wheat from chaff

A boundary experience may attack you unpleasantly or overwhelm you blissfully. It takes you to the verge of what is bearable or it miraculously carries you beyond so called "ordinary" experience. Always a new space opens up. You may now separate the wheat from the chaff, by **on the one hand** considering or writing down which horrifying, mean and eerie boundary experiences you know

and **on the other hand** which blissful and extraordinarily beautiful boundary experiences you have had.

QUESTION 1: Of which kind is your chaff?
For example, excessive urge to make experiences by way of drug consumption, thrill of speed, self-endangering extreme sports or, or ...

QUESTION 2: What is behind your excessive way of going beyond boundaries? For example, the intolerability of life, boredom, curiosity, weariness or, or ...?

MAIN QUESTION, to be answered spontaneously, please:
Your deepest longing calls you to go beyond your boundaries. Which are these?

NEXT STEP: Coming on track

Visualize exactly what it feels like when going beyond boundaries in a constructive way?

QUESTIONS: Which constructive test of courage would you like to pass? And concerning which matter? Which new things would you like to try out? It should be something that pushes you really to go beyond your personal boundaries.

EXERCISE 1: Write down to which consequences for your behavior you are led by your answers to the questions above. Practice them over the next three days.

EXERCISE 2: Bring yourself to an attitude which might resonate with your deepest longing. Try out what is suitable for you. For example, listening really, really closely to silence, letting yourself fall between two thoughts or making true declarations of love or, or ...

THE MOTTO: It is better to fail casually than to be victorious in a dull way.

BEARING IN MIND the sentence: Who is finished will discover new lands.

FEEDBACK to yourself and from yourself: How easy is it for you to be courageous in the face of all the boundaries in your life?

SPECIAL QUESTION: What do you choose: withdrawing or surpassing?

FINAL STEP: Your take off

THE REALLY LARGE-SCALE boundary experience makes you rise above yourself – it may be by surrendering to the beautiful, to loving, to limitless laughing or to any kind of limitless experience.
What is your hit?

KOAN: Who have you been if you really exist only by the limitless?

ESSENTIAL QUESTION: How meaningful would all our lives be if we were striving for increasing and going beyond boundaries preferably with respect to our loving skills?

Sharing

This adventure of insight is about nothing less than the realization of the human and "superhuman" best and highest. When entering consciousness itself we leave our trained personality behind and strip ourselves off our standard setting. That is why this state is devoid of all individual features. Furthermore, this means that all humans make this experience in the same or a similar way, each according to depth/height. To share this experience is a celebration of being connected. You may celebrate it here „www.instantlumen.com/sharing", by describing how you *feel* when **abandoning yourself into blissful boundary experiences**. Describe only your experience. Refrain from all interpretations and stories.

COME IN, PLEASE!

Are we dead while living or are we alive when dead?

Let's enter the bonus clearing:

Death as Life?

Does death kiss life or vice versa?

Some questions as signposts and idea generators:

- Is there convincing evidence for immortality?
- Provided intellectual integrity, what is the conclusion?
- Is death an event in life?
- Do you believe in life after death?
- When are you most alive in your lifetime? And when are you most unlively? To what extent does your mental state have to do with the level of your liveliness?
- May we ignore the infinite number of near-death experiences, which are always the same in essence?

Lightning start into this clearing

Two varieties of not-being-anymore can be distinguished. That is, firstly, not-being-anymore in life – this we always experience when entering consciousness, we lose ourselves through complete surrender. And then there is not-being-anymore when we are taken away by death. My crucial question here is:

DOES NOT-BEING-THERE-ANY-MORE WHILE BEING ALIVE SHED A COMPLETELY NEW LIGHT ON DEATH?

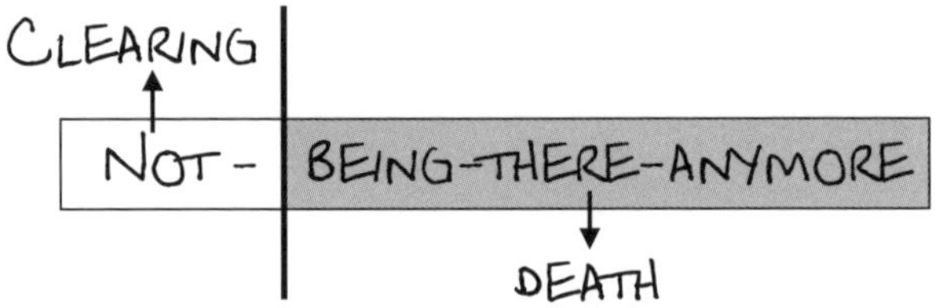

Entering consciousness, intimate thinking, the liberation from any kind of egoness – all this might as well be called a "clearing of the mind", **INSTANT LUMEN**. In the sense of: The mind becomes clearer and the mind is in a clearing.

As long as we are living in this world, almost always we face incompleteness. Fulfillment (of whatever kind) is as yet missing. We try to find it by devotion to the beautiful, to love and to everything we are longing for. This is one side. The will to exit *within* this world.

The other side goes all out: Exit *from* this world. This exit is bigger, is unique. However – and this is my consideration – is it not that these two ways of exiting show striking similarities? If we consider it soberly and logically, the only part of us to be left after death may be consciousness – if at all. Our identification with our own body, with all the stuff etc., becomes literally insubstantial. It breaks off. (You will even get rid of your overweight!) If we may believe the theses of research, consciousness is fundamental. Thoughts are only a consequence or accompanying effect, an epiphenomenon. Thus, when dying we might slip back into this fundamental. We might experience the clearing in its luminous splendor.

To sum it up, the consideration goes as follows: If entering consciousness during our "lifetime" takes us to the peak of insight and blissfulness, and if in case of our physical death we are placed within consciousness because nothing else is left of us, and if consciousness is of an ontologically higher rank than body, soul, reason, then it is an obvious conclusion that our most golden times are still ahead of us. If this obvious consideration will scientifically be further supported, we may put aside all fear of death. Many great thinkers touch this trace. The following sentences are evidence of this.

THE CORE

The insight quotations from world literature

Einstein, Albert (* 1879; † 1955) Germany, Death as life? 1
Death is an optical illusion.

Morgenstern, Christian (* 1871; † 1914) Germany, Death as life? 2
Why should this, my life, be a beginning or an end, as indeed nothing is a beginning or an end. Why not just a continuation preceded by countless things of the same nature and followed by countless things of the same nature.

Goethe, Johann Wolfgang von (* 1749; † 1832) Germany, Death as life? 3
The eternal lives on in everything:
for everything must dissolve into Nothingness
if it is supposed to stay within Being.

Heinse, Wilhelm (* 1749; † 1803) Germany, Death as life? 4
When we are dead: we are less than a newborn child, and perhaps more than a human.

Cioran, Emile Michel (* 1911; † 1995) Romania, Death as life? 5
Death is a state of completeness, the only one achievable for a mortal.

Novalis (* 1772; † 1802) Germany, Death as life? 6
Death is victory over oneself – providing us, like all self-conquest, with a new, easier kind of existence.

Böhme, Jakob (* 1575; † 1624) Poland, Death as life? 7
The Scholar: Wither goes the soul when the body dies? The Master: There is no necessity for it to go anywhere.

Ram Dass alias Richard Alpert (* 1931) USA, Death as life? 8
During the first part of my life I desperately wanted to be somebody. Then I turned around and desperately wanted to be nobody. Now I am trying to be nobody by being somebody. As long as one believes to be somebody, one is afraid, for somebody will die, after all. But nobody will not die. ... One lives passionately, yet still there is this other part which is absolutely empty and serene. One lives in this world, yet one is no part of it.

Pessoa, Fernando (* 1888; † 1935) Portugal, Death as life? 9
For us, the worlds are transposed. When we believe to be alive, we are dead, when we die, we start living.

Morgenstern, Christian (* 1871; † 1914) Germany, Death as life? 10
Whereto could we die, after all, if not into an ever higher, greater life?

Osho (* 1931; † 1990) India, Death as life? 11
Become a great flame of consciousness; then, when death comes, you will be able to witness it, you will be able to see it and you will know: "The body is dying, the ego is dying, but I am not dying because I am the witness." That witness is the very core of existence. That witness is what other religions call "God" and what Lieh Tzu and Chuang Tzu call "Tao" – the knower, the knowing element, consciousness, awareness, alertness.

Jiménez, Juan Ramón (* 1881; † 1958) Spain, Death as life? 12
I am not I.
I am the one
walking next to me without me seeing him,
whom I visit often
and whom I often forget.
He who is calmly silent when I am speaking,
who gently forgives when I hate,
who strolls where I am not,
who will stay upright when I die.

Tolle, Eckart (* 1948) Canada, Death as life? 13
Death takes away everything you are not.

Rilke, Rainer Maria (* 1875; † 1926) Austria-Hungary, Death as life? 14
Look, I am alive. Out of what? Neither childhood nor future
become less... .. fathomless being
rises from my heart.

Goswami, Amit (* 1937) India, Death as life? 15
Consciousness is the foundation of all being.

Schleich, Carl-Ludwig (* 1859; † 1922) Germany, Death as life? 16
Without life after death this life remains a fantastic chaos, the earth an incomprehensible mass grave, our birth a crime which is punished by death. Life can be understood only in the light of eternity.

Osho (* 1931; † 1990) India, Death as life? 17
Who dies? And who is born? The ego is born and the ego dies. Deep down, where ego is no more, you are never born and you never die. You are eternal, you are eternity, you are the very substratum, the very stuff that existence is made of – how can you die?

Singer, Michael A. (* 1947) USA, Death as life? 18
I now realized that the great saints and masters of all the religious traditions had gone beyond their personal self to find their spiritual self.

Here you can experience the audio-visual representation of these insight quotations: **www.instantlumen.com**

The coaching, the journey to death as life!

Off we go! We will start by means of inspirations for self-exploration, exercises and other refinements – all to enable us to navigate well towards INSTANT LUMEN.
If you're more committed to yourself in writing or speaking, it's worth jotting down your answers or anchoring them by means of voice memos. The grey bar shows you where your answers are needed.

FIRST OF ALL: Self-discovery = separating wheat from chaff

Now you may separate the wheat from the chaff, by **on the one hand** considering or writing down if you get something out of death for your life. And if, what is it?

and **on the other hand** you may consider if and in how far your life would be different if life after death was an unshakable, generally known fact.

QUESTION 1: Apart from cognitive certainty there is also emotional certainty. In how far are you convinced of the mortality or immortality of the human soul or spirit?

QUESTION 2: What is behind this? What does your conviction feel like? What do you get out of it?
For example, a feeling of not fooling yourself, honesty, shelter, courage to face life, power, clean resignation, desperation or, or ...

MAIN QUESTION, to be answered spontaneously, please:
What is most attractive for you: Good bye forever, being reborn again and again, eternal joy of life somewhere else or ...?

SECOND STEP: Coming on track

Visualize exactly what it feels like when you are free of yourself.

QUESTIONS: Is there any need to be fooled by yourself? Is appearance only an illusion? What do you see when your mind is open and without thought?

EXERCISE 1: Try to find within yourself what can never be found outside yourself. What does it feel like to focus again and again on your inner landscape instead of on the world outside? Whom do you expect to apologize to you, to please you, to love you? And now refer all this to yourself: I apologize to myself, I please myself, I love myself etc. ...

EXERCISE 2: Over the next three days, experiment with being advised by death concerning all questions and decisions.

THE MOTTO: Rather jubilate sky-high than grieve to death!

BEARING IN MIND the sentence: Who stays madly in love is beyond this topic.

> **FEEDBACK** to yourself and from yourself: How easy is it for you to let go of yourself?

SPECIAL QUESTION: Now, are you immortal or not?

THIRD STEP: Your take off

> **REALLY LARGE-SCALE death as life** starts in my lifetime and always when I ...
> What is your hit?

KOAN: Who are you when you laugh yourself to death?

ESSENTIAL QUESTION: How meaningful would all our lives be if, while bearing death in mind, we threw ourselves into the arms of life?

FINAL STEP: In a nutshell

It is telling and exciting that both when being in the clearing in our lifetime and – perhaps – also in case of death, entering consciousness is THE feature. This, however, is not the only common ground. Let's think sharply: what we experience as transpersonal perception in the post-mortal nothing-left-except-consciousness-state is exactly like those meaningful experiences which have revealed the peak of insight happening whenever we enter consciousness in our physical lifetime. Here I am going to recall them once again, to make visible in how far the most extreme, the most beautiful in life might characterize the "normal" state in death.

INSPIRATIONS FOR VISUALIZING AND RESEARCH

Now you may check in how far the here presented line of thought provides valid reason. Just answer the attached questions:

- **Longing + question:** What happens when longing touches down at the place of fulfilment?
- **Symbolic vs. intimate cognition + question:** If the objects of symbolic cognition disappear because qua "death" we are in the just-consciousness of intimate cognition, what is the conclusion?

- **Pure cognition + question:** Pure cognition does not depend on inner or outer objects. It is distance-less, simple, pure. How does this affect our experiencing?
- **Not doing, but dropping activity + question:** What is there to do when there is nothing to be done?
- **It is already there + question:** When we are in the distraction-free space of pure consciousness, what is there left to seek, then?
- **Oneness + question:** If your darling becomes irrelevant because everything is darling, what then?
- **How to get there + question:** What happens to the goal when it has been achieved?
- **Art as touching the utmost + question:** Which contemplation after the most fundamental contemplation?
- **Exit ego + question:** When you have lost all identifications, with what do you identify then?
- **Boundary experience + question:** When you have gone beyond the outermost boundary, what is left then?

In both states, indeed entering consciousness in our lifetime and entering consciousness in post-times, the completeness of fulfillment becomes obvious. These parallels and the fact that all enlightened people are convinced of immortality are somewhat puzzling. And not only enlightened people! It is the lucidity of the clearing experience, which convinces any human being of the existential meaninglessness of death. Could it be that this lucidity of the clearing experience is a hello from a completely independent dimension, - a hello from Being itself, i.e. **INSTANT LUMEN**?

Sharing

This adventure of insight is about nothing less than the realization of the human and "superhuman" best and highest. When entering consciousness itself we leave our trained personality behind and strip ourselves off our standard setting. That is why this state is devoid of all individual features. Furthermore, this means that all humans make this experience in the same or a similar way, each according to depth/height. To share this experience is a celebration of being connected. You may celebrate it here „www.instantlumen.com/sharing", by describing how you *feel* when already now **realizing "death as life"**. Describe only your experience. Refrain from all interpretations and stories.

What it was about

Leading out of the topic

Have we been successful in our pursuit to show that all of us are looking for the same thing, after all, that all humans are living in one and the same evolutionary pull? Thus, ideological stiffness will unnecessarily lead us to fighting, splitting up and strife – and this in the name of one and the same goal!

The roads to Rome? This is where splitting up is in full flight. Even within a so called doctrine or religion! The Zen school was split quickly: The northern branch supported enlightenment to happen gradually, and the southern branch, the Rinzai School, is convinced of sudden enlightenment. And what is true? All that happens. Which are the best roads? Those taking us to fulfillment most easily. Effort is as suspicious as sluggishness.

I have tried out everything to liberate my mind. Much had little effect; other approaches led to striking results. My conclusion:

1. **Pending psycho stuff** is most effectively integrated by tangible and consequent action and by developing unlived potential. Here the scale of consciousness is helpful as a benchmark, to identify the spoilsports of happiness and to show the direction of integration. Those who want to deal with this topic in detail will find a special training in my book: *"Those who love themselves, embrace the world"*.

2. Many **ways of meditation** work "dually" – to give an example: focusing on breathing or rising thoughts. Thus, they refer to objects of perception. For some this is helpful. Others prefer cathartic methods: babbling, shouting, going haywire, writing down the stream of their thoughts or jogging ceaselessly.
   What I perceive as striking is the immediate immersion into the spirit, into consciousness. Direct, without any detours! Or killing oneself laughing as a sporty exit ego.

3. As a **guiding question** for everyday life, this one: What should I do or decide in order to liberate my mind as thoroughly as possible? Also, cultivate everything providing you with a free mind and a joyful heart.

The roads are rather unimportant, as long as we are aware of the fact that we are drawn towards one and the same evolutionary goal. We sense and experience this when entering just-consciousness, pure awareness, **INSTANT LUMEN**.

Your Philosophical Take off at a Glance

Topical Windows	Chaff + behind it? + behind the behind	Leaving by way of a new conviction + action consequences	Wheat
Longing	Languishing Longing/addiciton	Loving unconditionally, independently	Essential longing
Symbolic/ intimate	What makes thoughts go swirling through your mind? - all topics	Answering the needs behind the swirling thoughts by way of new convictions and action consequences (PEI)	Intermission in the mind
Pure cognition	A feeling of meaninglessness, chaos	For example, inviting exhilarations such as thankfullness, appreciation, joy, enthusiasm, compassion	A thousand pieces of evidence, cosmic order
Not doing, but dropping activity	Unpleasant strain behind doing? Perfectionism, manic drive to achieve, etc.	For example, living in timelessness, dropping and dropping again	Everything runs smoothly by itself
It is already there	Ideas of happiness	For example, rejoicing non-search, affirmative activity	Arrival instead of search, trustful insecurity
Oneness	Unpleasant loneliness	For example, sufficiently taking care of oneself, less-ego-fortification measures	Seamless connectedness
How to reach our destination?	Illusory goals	Reducing chaff goals, placing meaningful goals on No. 1	Goals for a fulfilled life
Art as a means of touching the utmost	Everything unaesthetic	Keeping the beautiful, getting rid of everything else	Everything what is uplifting for the soul
Exit go	Abandoning oneself in an unpleasant way	Strengthening the I: YES Feeding the Ego: NO	Dissolving in joy
Boundary experience	Risking oneself in a destructive way	Constructive dares	Trustfully exposing oneself
Death as life?	Being at the limit	Kick-off	Answer

Bibliography

Arendt, Hannah: *Vita activa*

Aurobindo, Satprem: *Sri Aurobindo oder das Abenteuer des Bewusstseins*

Beck, Charlotte Joko: *Zen*

Benoit, Hubert: *Die Hohe Lehre – Der Zen-Buddhismus als Grundlage psychologischer Betrachtungen*

Byung-Chul Han: *Philosophie des Zen-Buddhismus*

Cadenas, Rafael: *Dunkle Tiger*

Camus, Albert: *La Peste – Die Pest*

Canetti, Elias: *Buch gegen den Tod, Nachträge aus Hampstead*

Celan, Paul: *Atemwende*

Chah, Ajahn: *A Still Forest Pool*

Cheng, François: *Fünf Meditationen über die Schönheit*

Chödrön, Pema: *Comfortable with Uncertainty*

Chopra, Deepak: *Die Quelle von Wohlstand und Glück*

Cioran, Emile Michel: *Die verfehlte Schöpfung*

–: *Vom Nachteil, geboren zu sein*

Cohen, Alan: Wiedergefunden!

Cousins, Norman: *Internet: www.goodreads.com*

Dean, James: *Karen Clemens Warrick, James Dean: Dream as if you'll live forever*

Domin, Hilde: *Internet, www.schreibfeder*

–: *Sämtliche Gedichte*

Einstein, Albert: *Internet: www.norbertkasper.de/interessantes/lebensweisheiten/einstein.php*

Eliot, T.S.: *Aus der Schale eines gebrochenen Herzens*

Eudenbach, Wilma: *Internet, www.aphorismen.de*

Fredriksson, Marianne: *Marcus und Eneides*

Fürst, Walter: *Wir Kleindenker: ein Plädoyer für die Einfalt und Vielfalt des Denkens*

Goswami, Amit: *Bleep*

Lama Anagarika Govinda: *Internet, www.beespace.de*

Haas, William S.: *Westliches und östliches Denken*

Heidegger, Martin: *Grundbegriffe*

–: *Identität und Differenz*

–: *Holzwege*

–: *Was heißt Denken?*

Hesse, Hermann: *Über das Glück: Betrachtungen und Gedichte*

Hohl, Ludwig: *Alles ist Werk*

Iacocca, Lee: *Internet, www.gutezitate.com*

Jaspers, Karl: *Der philosophische Glaube angesichts der Offenbarung*

–: *Einführung in die Philosophie*

Jiménez, Juan Ramón: *Herz stirb und singe*

Jung, Carl Gustav: *Internet, http://www.meditation-in-hamburg.de*

Kaléko, Mascha: *Sämtliche Werke und Briefe. Hrsg. und kommentiert von Jutta Rosenkranz*

Keller, Helen: *Internet, www.goodreads.com*

Khan, Vilayat Inayat: *Internet, www.benediktushof-holzkirchen.de*

Klein, Jean: *Internet, azquotes.com*
Krishnamurti: *Internet, philolex.de*
–: *Internet, zitatezumnachdenken.com*
Kühlewind, Georg: *Bewusstseinsstufen*
Lauterbach, Ute: *Wer sich liebt, umarmt die Welt*
Lec, Stanislaw Jerzy: *Sämtliche unfrisierte Gedanken*
Lenz, Frederick alias Rama: *Internet, quotefancy.com*
Massaro, Bentinho: *Super Accelerated Living*
Merleau-Ponty, Maurice: *Das Auge und der Geist. Philosophische Essays, hrsg. und übers. von Hans Werner Arndt.*
Miller, Henry: *Internet, goodreads.com*
Murdoch, Iris: *The Good Apprentice*
Osho: *The Pathless Path*
Parson, Tony: *Knowing and Unknowing + Internet, theopensecret.com*
Picasso, Pablo: *Internet, gutzitiert.de*
Reps, Paul: *Ohne Worte – ohne Schweigen*
Rinpoche: *Rebell Buddha*
Roberts, Bernadette: *The experience of no self: A contemplative journey by Bernadette + Internet, gaiam.com*
Safranski, Rüdiger: *Die Ambivalenz des Bösen*
–: *Das Böse*
Sagan, Samuel: *Tor zu inneren Welten*
Sartre, Jean Paul: *Internet, gutezitate.com*
Schmitt, Eric-Emmanuel: *Monsieur Ibrahim et les fleurs du Coran*
Schrödinger, Erwin: *Geist und Materie*
Schweitzer, Albert: *Oermann, Albert Schweitzer, 1875 – 1965, C.H.Beck, 2013*
Singer, Michael A: *The Surrender Experiment, Yellow Kite Books, 2015, S. 50*
Spark, Muriel: *Internet, goodreads.com*
Spira, Rupert: *Internet, non-duality.rupertspira.com*
Starbuck, Edwin Diller: *Psychology of Religion*
Suzuki, Daisetz Teitaro: *Kipfer, Instant Karma, Workman Publishing 2013*
–: *Die große Befreiung*
Swartz, James: *The Essence of Enlightenment*
Thibaut, Stéphane: *Revolution aus der Stille*
Tolle, Eckart: *The Power of Now + Jetzt. Die Kraft der Gegenwart*
van de Wetering, Janwillem: *Reine Leere*
–: *Internet, wienerzeitung.at*
Verdier, Fabienne: *Zeichen der Stille, S. 210*
Watts, Alan W.: *The Wisdom of Insesurity/Weisheit des ungesicherten Lebens*
Watzlawick, Paul: *Vom Schlechten des Guten*
Weber, Andreas: *Lebendigkeit, eine erotische Ökologie*
Wilber, Ken: *Einfach „Das"*
–: *Eros, Kosmos, Logos*
–: *Das Wahre, Schöne, Gute*
Wolf, Christa: *Kein Ort. Nirgends*
Yesudian, Selvarajan: *Hatha-Yoga*

All quotations from the German editions of books originally in English were retranslated from German.

Despite all our efforts we have not in all cases succeeded with identifying the holders of the copyrights of all quotations. Should you be the legal holder of the copyright of one of the quotations we have used, please contact the publishing house, so that we will be able to pay you the appropriate fee.

The Contributors at a Glance

Ute Lauterbach, Hélène Van den Kerchove, Ines Gardner, Bernd Müller, Daniela Schulz, Tessa Lekebusch, Christa König, Anke Sauer, Cornelia Schweizer, Maria Offers, Katrin Benner, Heiko Braun, Paula Wehmeyer, Christiane Reller, Hannah Richter, Ralf Kuhl, Christiane Strack, Gisela Meickl, Anni Kirchner, Peer Kling, Sonja Gilges, Elke Kalender, Rolf Jaeger, Thorge Kirchhof, Stefanie Hildebrand, Manfred Tesch, Sandra Dauer, Dagmar Paul, Pascal Wuillaume and many more.

Not to forget: Thomas von Aquin, Muhyī d-Dīn Ibn Arabī, Hannah Arendt, Aristoteles, Francis of Assisi, Aurobindo, Basho, Charlotte Joko Beck, Hubert Benoit, William Blake, Bodhidharma, Jakob Böhme, Martin Buber, Buddha, Byung-Chul Han, Rafael Cadenas, John Caird, Albert Camus, Elias Canetti, Caterina da Siena, Paul Celan, Ajahn Chah, François Cheng, Pema Chödrön, Deepak Chopra, Chuang-Tzu, Emile Michel Cioran, Alan Cohen, Angelika Corbineau-Hoffmann, Norman Cousins, Ram Dass alias Richard Alpert, James Dean, Simone de Beauvoir, René Descartes, Richard Fedor Leopold Dehmel, Eihei Dōgen, Hilde Domin, Meister Eckehart, Albert Einstein, T. S. Eliot, Ralph Waldo Emerson, Wilma Eudenbach, Meister Fen-Yang, Johann Gottlieb Fichte, Marianne Fredriksson, Eugène Fromentin, Walter Fürst, Johann Wolfgang von Goethe, Amit Goswami, Lama Anagarika Govinda, William S. Haas, Christian Friedrich Hebbel, Martin Heidegger, Wilhelm Heinse, Hermann Hesse, Benjamin Hoff, Ludwig Hohl, Huang-po, Huineng, Meister Hung-Chih, Lee Iacocca, William James, Karl Jaspers, Juan Ramón Jiménez, Master Jôshû Jûshin, Carl Gustav Jung, Franz Kafka, Mascha Kaléko, Helen Keller, Thomas Ken, Vilayat Inayat Khan, Søren Kierkegaard, Jean Klein, Jack Kornfield, Krishnamurti, Georg Kühlewind, Erik Pema Kunsang, Laotse, Else Lasker-Schüler, Ute Lauterbach, Laṅkāvatāra-sūtra, Stanislaw Jerzy Lec, Frederick alias Rama Lenz, Giacomo Leopardi, James Henry Leuba, Lieh-Tzu, Sri Ramana Maharishi, Bentinho Massaro, Maurice Merleau-Ponty, Malwida von Meysenburg, Michelangelo, Henry Miller, Christian Morgenstern, Iris Murdoch, Robert Musil, Friedrich Nietzsche, Maharaj Nisargadatta, Novalis, Osho, Padmasambhava, Tony Parsons, Fernando Pessoa, Pablo Picasso, Platon, Plotin, Marcel Proust, Ramakrishna, Paul Reps, Rainer Maria Rilke, Rinpoche, Bernadette Roberts, Rumi, Ryokan, Rüdiger Safranski, Antoine de Saint-Exupéry, Samuel Sagan, Jean Paul Sartre, Friedrich Schelling, Johann Christoph Friedrich von Schiller, Carl-Ludwig Schleich, Eric-Emmanuel Schmitt, Romy Schneider, Arthur Schopenhauer, Erwin Schrödinger, Albert Schweitzer, Sengai, Angelus Silesius, Michael A. Singer, Sosan, Muriel Spark, Rupert Spira, St. Jean de la Croix, Daisetz Teitaro Suzuki, James Swartz, Antal Szerb, Lord Tennyson, Stéphane Thibaut, Eckart Tolle, Leo N. Tolstoi, Kurt Tucholsky, Aus den Upanishaden, Paul Valéry, Janwillem van de Wetering, Fabienne Verdier, Jef Verheyen, Voltaire, Bettina von Armin, Alan W. Watts, Paul Watzlawick, Andreas Weber, Wei Wu Wei (Terence James Stannus Gray), Simone Weil, Walt Whitman, Ken Wilber, Christa Wolf, William Wordsworth, Yang Wan-Li, Selvarajan Yesudian

The Author

Who is Ute Lauterbach?

A dweller in the wood. Philosopher. An author of books. An expert for nonsense. A researcher of fate. Female inventor of the Scale of Consciousness.

What does Ute Lauterbach do?

Philosophical seminars on being, meaning and nonsense. Workshops on psycho-energetic integration. Workshops and coachings on the topic of the here presented project. Coaching/supervision. Navigating companies. Trainings for individuals and groups. Lectures at the national and international level, TV and radio.

What are her skills?

Rapidly understanding biographies, discovering crucial issues, and setting the course towards becoming a friend of oneself. Presenting philosophical topics in a humorous and simple way. Bringing about peace.

Her deepest desire

Maintaining and sharing the most beautiful experience – that of a completely free mind. We come close to it when completely laughing oneself silly. Or when completely surrendering ourselves to the beautiful. It goes beyond experiencing a flow. Rather, it must be described by terms such as: blissfulness, nirvana, unio mystica, enlightenment, ecstatic peace.
It is Ute Lauterbach's deepest desire to pave the way towards happiness. That is, pushing away clouds of thoughts. Getting rid of biographic crap. Supporting being a friend of oneself. Keeping up humor. That is why she writes books and does what she does.

Special

Ute Lauterbach is perfectly at home both in the German and the English language.
Inspiringly lively stage presence of the spirited-sparkling kind.
Acting talent, and also full of empathy.

Her Books and lectures

Wer sich liebt, umarmt die Welt, Scorpio-Verlag, 2015
Kopf frei!, Kösel-Verlag 2011
Das Zeitbeschaffungs-Buch, Kreuz, 2011
Wie viel weniger ist mehr?, Herder, 2011
Lebenskunst auf den Punkt gebracht, Herder, 2010
Jammern mit Happy End, Kösel-Verlag, 2009
Lässig scheitern, Kösel-Verlag, 2007
Werden Sie Ihr eigener Glückspilot, dtv, 2006
LiebesErklärungen, dtv, 2005
Raus aus dem Gedankenkarussell, Kösel-Verlag, 2004
Spielverderber des Glücks, Kösel-Verlag, 2001
18 lectures to download and on sound carrier
Topics see: www.ute-lauterbach.de

Ute Lauterbach • Institut für psycho-energetische Integration
Zum Johannistal 1 • 57610 Altenkirchen
Fon +49(0)2681-2402 • E-Mail: info@ute-lauterbach.de
www.ute-lauterbach.de • www.instantlumen.com

INSTANT LUMEN
Videos schauen, teilen
und mitteilen,
um die Welt zu einem
friedlicheren Ort
zu machen.

www.instantlumen.de

Watch
INSTANT LUMEN
videos, share and
communicate to help
making the world a more
peaceful place.

www.instantlumen.com